碎片化营销

姚成伟◎著

注意力经济下的品牌运营策略

人民邮电出版社

北 京

图书在版编目（CIP）数据

碎片化营销：注意力经济下的品牌运营策略 / 姚成伟著. -- 北京：人民邮电出版社，2017.8（2018.5重印）
（盛世新管理书架）
ISBN 978-7-115-46305-0

Ⅰ．①碎… Ⅱ．①姚… Ⅲ．①品牌营销 Ⅳ．①F713.3

中国版本图书馆CIP数据核字(2017)第147487号

内 容 提 要

本书以碎片化时代、注意力经济为背景，结合作者多年的品牌运营经验及其在该领域的研究成果，将注意力经济下企业的品牌运营策略与实际案例相结合，以期为品牌运营人员、企业管理者等业界同仁提供有益的启发。在本书中，作者从碎片化营销、注意力经济、泛娱乐营销、微视频营销、情感营销、场景运营及新媒体运营 7 个方面切入，对注意力经济下的品牌运营策略进行多方位阐述，为企业创新品牌运营策略提供了有益的指导与借鉴。本书适合市场总监、大区经理、营销经理、总监等中高层管理者阅读与学习。

◆ 著　　　　　姚成伟
　　责任编辑　　冯　欣
　　责任印制　　彭志环

◆ 人民邮电出版社出版发行　　北京市丰台区成寿寺路 11 号
　　邮编　100164　　电子邮件　315@ptpress.com.cn
　　网址　http://www.ptpress.com.cn
　　大厂聚鑫印刷有限责任公司印刷

◆ 开本：700×1000　1/16
　　印张：14　　　　　　　　　　2017 年 8 月第 1 版
　　字数：193 千字　　　　　　　2018 年 5 月河北第 3 次印刷

定价：49.80 元

读者服务热线：(010)81055488　印装质量热线：(010)81055316
反盗版热线：(010)81055315

前言

在传统媒体时代，人们获取信息的渠道比较单一，即便是看电视，全国的观众也经常在同一时间关注同一档节目。在这种情况下，零售商只要大力投资广告，就能获得良好的广告传播效应，提升品牌的知名度与影响力，引导消费者购买产品。

而现在，随着互联网、移动互联网的发展以及新一代信息技术的推广应用，人类社会发生了巨大变革，人们获取信息的渠道逐渐增多，搜索信息、处理信息的能力逐渐提升，传统广告所产生的作用逐渐弱化，难以再对消费者的购物决策产生深远影响。再者，社会生产力大幅提升，产能过剩，产品同质化现象非常严重。为了提升产品的竞争力，企业不断对产品进行创新。同时，为了满足人们的个性化需求，很多中小型企业开始推行定制化生产模式，为消费者生产定制化产品。

在种种因素的影响下，传统的市场结构、消费理念、营销逻辑被颠覆，内容、受众、媒体呈现出显著的碎片化特征，对企业的营销活动产生了巨大影响。

在碎片化时代，自媒体相继崛起，人人都能发布内容，分享自己的生活趣事。在这种情况下，普罗大众掌握了信息传播权，越来越多的草根群体成为某一领域的意见领袖，开始对消费者的购物决策产生影响。同时，随着众多新媒体的崛起，用户获取信息的渠道逐渐增多，人们个性化、多样化的信息需求得以满足，单一媒体、单一营销内容、单一营销策略对消费者的影响力逐渐下降，企业营销活动的开展遇到了障碍。

但是，由于人们的精力有限，只能关注几个特定的媒体及领域，在垂直化社群中聚集，这为企业找到目标用户群体、开展精准营销、针对消费群体的需求制订个性化的营销方案提供了条件。

在碎片化时代，消费者开始表现出对广告的抵触心理，广告的营销效果锐减。随着各种自媒体、社交平台的发展，消费者养成了分享自己购物经历的习惯，也开始倾向于相信他人分享的商品与信息。在这种情况下，相较于传统的硬广告来说，软广告更能对人们的购物决策产生影响。

随着信息传播方式及传播媒介的变化，人们根据自己的习惯、偏好加入不同的社群。在各种各样的社群中，消费者养成了不同的消费习惯，市场愈发碎片化。企业仅靠单一的营销方式显然难以迎合消费者不同的消费习惯，难以满足消费者个性化的商品需求。

在碎片化时代，企业要想提升营销效果，关键在于吸引目标受众群体的注意力，这就是所谓的注意力经济。具体来说，注意力经济就是对企业现有资源进行优化配置，以最低的成本吸引客户的注意力，对其消费群体进行培养，使所获取的无形资本最大化。简单来说，注意力经济指的就是经营消费者的注意力。

在实际的企业营销过程中，经营消费者注意力的方法有很多，如创新产品策略、改善服务管理、重塑品牌价值、提升企业形象、优化分销渠道、创新促销手段、实现品牌的人格化等。

为了适应碎片化时代给企业营销活动带来的种种影响，更好地经营消费者的注意力，企业必须转变自己的品牌营销策略。目前，很多企业认识到了这一点，在创新品牌营销策略方面做出了种种尝试，例如，欧米茄手表借007系列电影开展的内容营销；聚美优品、惠氏奶粉、小米 Max、欧莱雅、杜蕾斯、美宝莲等品牌开展的直播营销；可口可乐、汉堡王、南方芝麻糊等品牌开展的情感营销等。在企业的不懈努力下，碎片化营销、网红营销、内容营销、泛娱乐营销、微视频营销、情感营销等一系列全新的品牌运营策略相继出现，为企业创新品牌运营策略提供了有益的指导与借鉴。

本书以碎片化时代、注意力经济为背景，结合作者多年的品牌运营经验及其在该领域的研究成果，将注意力经济下企业的品牌运营策略与实际案例相结合，以期为品牌运营人员、企业管理者等业界同人提供有益的启发。在本书中，作者从碎片化营销、注意力经济、泛娱乐营销、微视频营销、情感营销、场景运营及新媒体运营 7 个方面切入，对注意力经济下的品牌运营策略进行多方位的阐述，重点内容如下：

- 碎片化时代的营销活动应遵循何种法则？
- 如何聚合消费者的碎片化时间、创新品牌营销模式？
- 注意力经济下，企业应如何创新品牌运营实践？
- 企业如何利用网红营销将消费者的注意力转化为购买力？
- 企业如何利用内容营销给消费者带来全新的营销体验？
- 企业如何开展泛娱乐营销，借助粉丝效应实现营销变现？
- 企业如何开展微视频营销（短视频营销、直播营销）？
- 在体验经济时代，企业如何开展情感营销？
- 企业如何借助场景重新建立与消费者的沟通？
- 企业如何借助新媒体运营在媒体碎片化时代进行品牌传播？
- ······

随着互联网、移动互联网的发展，不同类型的新媒体相继崛起，人们的注意力被分散。企业要想提升品牌运营效果，就必须开展碎片化营销，做好消费者注意力的经营工作。在注意力经济下，企业可采取的品牌运营策略有很多，除了常见的直播营销、网红营销、节日营销、内容营销、短视频营销之外，企业还可以利用新媒体，借助场景创新品牌运营模式，提升品牌运营效果。

总而言之，注意力经济时代已经来临，企业必须各出奇招，创新品牌运营策略，以提升品牌运营效果。

目录

第 1 章

碎片化营销：
颠覆传统模式的营销新理念

1.1　营销的蜕变：社会碎片化时代的营销新法则

1.1.1　社会碎片化：商业模式的颠覆与创新

近年来，社会各领域都在聚焦社会"碎片化"现象。在社会阶层分化、个人意识觉醒、价值体系与生活方式多元化等因素的影响下，过去那种整体的社会关系、市场结构、社会观念被分割，生成了一个个单独的利益族群、文化部落与社会成分。

在这种情况下，碎片化已成为社会发展的主趋势，在这一趋势的影响下，社会各领域都发生了巨大的变化。在消费层面上，社会碎片化有五大表现，分别是选择更加理性、对内心感受与体验的追求更加强烈、自我意识觉醒、对权威的信任度减弱、从众倾向弱化。

◆ 社会"碎片化"对传统商业模式的冲击（图1-1）

（1）价值主张个性化、多元化、内在化

价值主张个性化表现为两点：第一，虽然消费者的消费决策依然深受低价、潮流等因素的影响，但消费者最真实的诉求是个性化、自我实现与内心的满足；第二，消费者对产品的兴趣变得多元化，不再拘泥于几款热门产品，表现出多元化的特点。

价值主张多元化也有两点表现：第一，不同的人，其价值主张不同；第二，在某个特定的消费场景中，同一个人表现出来的需求具有多层次、综合性的特点。

价值主张内在化的表现：第一，相较于身外有形的实体产品来说，消费者更关注内在感受；第二，在消费过程中，消费者希望能与品牌、产品进行更好的互动。

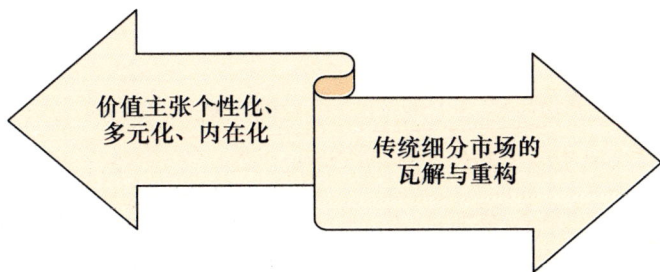

图 1-1 社会"碎片化"对传统商业模式的冲击

（2）传统细分市场的瓦解与重构

在社会"碎片化"的影响下，消费者细分有两种表现。

细分市场微小化。世界上没有两片完全相同的叶子，也没有两个完全相同的人。所以，从理论上来讲，世界上的人口数量有多少，兴趣偏好就有多少，一个人就是一个细分市场。虽然现阶段在很多行业中，这种细分方式并不可行，但在社会"碎片化"环境下，企业细分市场的选择与价值主张定位都有了更严苛的要求，微市场化（Micro-segments）成为必然选择。

细分标准抽象化。一方面，消费者在不断碎片化；另一方面，在某种共性的引导下，消费者又通过某种方式实现了聚合。在这种形势下，传统的消费者细分标准（如地理位置等）不再适用，新的细分标准诞生，如兴趣、价值观、沟通方式等。这种标准与消费者的真实需求特征非常接近，表现出抽象化的特点。

◆ **碎片化时代的商业模式创新**（图1-2）

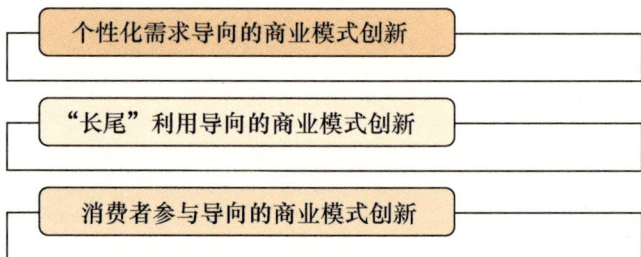

图1-2　碎片化时代的商业模式创新

（1）个性化需求导向的商业模式创新

以个性化需求为导向的一种典型商业模式就是大规模定制生产。大规模批量生产能降低生产成本，却不能满足消费者的个性化需求；定制生产能满足消费者的个性化需求，却成本很高。大规模定制生产在现代网络技术的作用下，将这两种生产方式的优点相结合，是企业运营流程与方式的革新。以个性化需求为导向的另一种商业模式是在网络基础上形成的自助服务，利用企业提供的服务，消费者可以按照自己的偏好定制产品，自行完成产品配置、订单输入及部分售后工作。典型代表就是乐高工厂的在线订购、Lulu.com的自助出版服务等。

（2）"长尾"利用导向的商业模式创新

克里斯·安德森（Chris Andersen）于2004年提出长尾理论，用于对进入网络时代以来媒体行业出现的某种现象进行描述。在网络时代之前，媒体行业只需向广大用户销售几款重量级产品即可；而进入网络时代之后，媒体行业必须向用户销售数量巨大的利基产品。将这个概念延伸开来，长尾理论的价值主张就是为用户提供宽泛的产品。

要想将某个市场称为长尾市场，这个市场必须满足3个前提条件：第一，存在长尾现象；第二，消费者能轻易获得利基产品；第三，多品类产品能以较低的成本运营。在社会"碎片化"的影响下，长尾不仅得以有效延长，还更加"肥"，为商业模式创新奠定了基础。

以长尾市场利用为导向的商业模式创新有两种基本类型：**一是转变产品品类选择，简单来说就是经营那些品种繁多但是销量不好的产品，以满足少数消费者的需求；二是转换目标客户，将不曾被关注的群体、消费能力相对较低的群体视为目标客户，满足他们的需求。**

从本质上来讲，以长尾为导向的商业模式创新就是通过降低交易费用，将过去潜藏的规模巨大的个性化需求释放出来，将商业价值赋予原本不曾经营的商品，使其具有价值；转变原本不曾服务的客户，使其成为新的客户源。

（3）消费者参与导向的商业模式创新

以消费者参与为导向的商业模式创新有两种模式。

众包（Crowdsourcing）模式。在传统的商业模式中，公司往往会指定代理人完成某项任务；在众包模式下，公司采用公开选拔的方式将任务外包给个人，这个"个人"有可能是顾客、消费者，也有可能是客户、赞助商等。采用这种众包模式，那些原本只能依靠内部流程与资源解决的问题，如技术、设计、创意等，都可以利用外部资源加以解决。例如，Threadless 公司将 T 恤衫的图案设计外包给消费者完成等。

用户自生成内容（User-Generated Content）。用户自生成内容是一种新出现的网络信息资源创作与组织模式，其产生背景是"去中心化"，用户参与、体验、协同创作等互联网文化。在这种模式下，消费者通过上传图文、音频、视频、文件等方式参与内容创作，创造价值，其典型代表是 Facebook 等。

1.1.2 碎片化营销：重构企业传统营销模式

随着移动互联网在各行业应用的不断深入，人类社会已经迈入碎片化时代，具有垄断优势的传统媒体失去了统治地位，新媒体成功上位，企业营销发生了颠覆性变革。在传统工业时代，企业可能仅需在电视、报纸或杂志上投放广告就能产生很好的传播效果，但如今这种做法显然已经过时。

著名的未来学家阿尔温·托夫勒（Alvin Toffler）及夫人在共同创作的《第三次浪潮》一书中，对碎片化时代进行了详细分析。书中指出：我们如今正处于一个碎片化的时代，信息、媒体、时间、传播手段及受众群体都在变得碎片化，而且智能手机及移动互联网的快速推广、普及，使得碎片化程度日益加深。碎片化作为移动互联网时代的一大主要特征，将对人们生活及工作的方方面面产生深远影响。

◆ 碎片化营销时代的来临

碎片化之所以会成为时代特征之一，其原因主要包括以下 3 个方面。

（1）生产力大幅度提升，产能严重过剩，市场中出现了大量的同质化商品。

为了提升自身的市场竞争力，使产品成功突围，很多企业开始进行产品创新，再加上人们购买力的不断提升，越来越多的消费者追求个性化产品。

（2）新一代信息技术的发展，使得人类社会发生了颠覆性变革。

人们搜集并处理信息的能力得到极大提升，传统的广告营销对消费者的影响力越来越弱，人们的自我判断能力得到明显提升。

（3）在社会化大生产成为主流发展趋势的背景下，很多中小企业也能够为消费者定制生产。

中小企业能够以一种成本较低的方式参与到产业链中，虽然其话语权较低，但稳定性与持续性较强，能够推动自身不断发展壮大。

在传统媒体时代，全国各地的人们同时关注同一档电视节目的情况十分常见。如果企业愿意投入较高的成本，在人气较高的电视节目中投放广告，就很容易在消费者心中建立起较强的品牌影响力。脑白金、秦池特曲等品牌的成功都是这种逻辑。

如今，人们更多使用手机、平板电脑等移动终端来浏览社交媒体、视频网站、直播平台等，内容、受众及媒介呈现出鲜明的碎片化特征。此时，企业仍想通过采用传统的营销手段来扩大产品的销量，已经变得愈发艰难。面对这样一个碎片化时代，企业的营销策略自然也需要做出有效调整。

碎片化时代也是一个去中心化的时代，传统的市场结构、营销逻辑、消费理念、消费价值观等被彻底颠覆，人们根据自身的兴趣爱好、职业、价值诉求等聚集在线上社群中。微信、微博、陌陌等社交媒体的出现，使这种趋势进一步凸显。

从营销角度来看，碎片化使得消费者的购物习惯、需求心理、信息获取方式等产生了变化，传统的营销方式不仅成本越来越高，而且很难将营销内容高效精准地推送至目标群体。

◆ **碎片化对企业营销的影响**

碎片化使得企业对目标群体定位并实现无缝对接的难度越来越高，曾经屡试不爽的营销方式的效果越来越差，很多营销从业者陷入了迷茫。具体来说，碎片化对企业营销的影响主要体现在以下 3 个方面。

（1）营销信息传播媒体的垄断局面被打破，多种传播媒体共存并竞争发展

在碎片化时代，体现个性化与差异化的自媒体成功崛起，每个人都能随时随地分享自己身边发生的各种事情。以往被传统媒体垄断的信息传播权回归到广大民众手中，具备一定专业能力与丰富知识的草根群体成为意见领袖。

层出不穷的各种新媒体，使得人们的个性化信息需求得到有效满足，单一媒体的营销价值明显下降。与此同时，由于各行业的精细化发展，再加上人们的精力有限，导致人们仅关注少数几个领域，企业想要通过单一的营销内容及营销策略网罗海量消费者变得愈发困难。

但从另一个角度来看，人们仅关注少数几个领域对企业营销也是有利的，因为人们聚集在各种各样的垂直化社群中，能够让企业从中找到潜在用户较为集中的社群，并开展定制营销。例如，在 QQ、微信等社交媒体的诸多社群中，企业营销人员可以寻找那些与自身产品及品牌特性相一致的目标群体，然后再根据这些群体的个性化需求制订差异化的营销方案。

(2) 营销中硬性广告的效果越来越差，软性广告更容易被消费者接受

导致这种情况出现的因素非常多，例如，人们本身对广告有一定的抵触心理；大众的认知能力与价值追求不断提升；人们乐于分享良好的购物经历等。在朋友圈中，硬性广告和软性广告的差异十分明显，即便二者同时推荐同一款产品，软性广告（如以图片或短视频的方式分享自己的使用体验等）对目标群体购买欲的提升也会具有明显优势。

(3) 消费者的行为和喜好也趋于碎片化

信息传播方式及媒介的变革，使人们在互联网中找到了符合自己的兴趣爱好、价值追求、生活理念等特征的各种垂直社群。在社群文化的影响下，不同社群的人们培养出了差异化的消费习惯，从而使市场愈发碎片化。从企业角度看，生产单一的产品或者采用同一种营销模式，已经很难有效满足消费者的个性化需求。

移动互联网的推广和普及，使得消费者从 PC 端向移动端转移，有限的屏幕展示空间对企业营销提出了极大的挑战，再加上人们对广告内容的抵触心理，如何在碎片化时代实现高效低成本的企业营销，成为广大营销从业者亟须解决的重点问题。

1.1.3　营销新时代：碎片化营销的主要特征

碎片化的含义非常好理解，指的就是完整的东西被分割，成为很多散乱的小块。碎片化不是一个新出现的词汇，它在很久前就被美国未来学家阿尔温·托夫勒（Aloin Toffler）使用，以此对未来社会的发展方向进行描述。如今，各种信息承载工具逐渐实现普及应用，各种新媒体层出不穷，碎片化已成为一种生活常态，对我国当前社会传播环境做出了生动的概括。

首先，传统媒介的市场份额不断收缩，话语权威与传播效能逐渐下降；其次，新兴媒介逐渐崛起，传统渠道不断增加，海量信息逐渐堆积在一起，表达意见逐渐呈现出多元化的特征。从某种意义上来说，传播与营销是互

通的，传播为营销服务，营销取决于传播。随着传媒生态的改变，一个不断变革的营销环境已逐渐显现。

在碎片化时代，市场表现出了一个非常重要的特征，就是随着媒介的碎片化，消费者的接触点开始变得分散，营销传播渠道开始变得多元化。在传统营销方式下，营销人员通过各种方法了解消费者，以大量的广告来影响消费者的行为，最后只需在销售终端等待消费者来临即可。

但是，随着新媒体的不断出现，传播通道逐渐泛化，消费者的注意力发生了较大的转移、扩散。消费者与媒体接触的角度逐渐扩展，除电视、广播、杂志等常见的媒体之外，还包括户外媒体、互联网媒体、公共交通媒体等。也就是说，消费者对信息的接收开始呈现立体化的特点。在这种情况下，以大众媒体为主要载体的广告模式所获取的效益开始逐渐下降，被迫改变路线。在这个新兴的传播环境中，传统的营销方法已不再适用。

对于营销活动来说，传播环境与消费者是必不可少的两大要素。在碎片化时代，市场还表现出另一个特征，即随着消费者个性的发展，消费者的碎片化特征愈加显著。这种特征出现的根源在于，受传播工具非群体化的影响，人们的思想也呈现出非群体化的特点。受媒介变革的影响，受众处理信息的方法也发生了较大的变化，进而影响到了受众的消费形式与生活状态。

在碎片化时代，人们的生活方式与思考模式发生了较大的变革，人们对自我与个性的追求越来越强烈，生活方式与态度、意识也呈现出多元化的特点，使得整个社会阶层，尤其是消费阶层发生了多元裂化。在这种情况下，完整统一的市场逐渐被割裂，大众市场开始朝着分众市场转化。在这个过程中，那些态度相近、生活方式趋同的消费者不断聚合。在不同分众市场持续撞击的条件下，消费者碎片化的特征逐渐成形。

◆ **营销的本质没有发生改变**

在碎片化时代，营销的本质没有发生变化，仍属于认知战。但是，在互联网与其他新技术的共同作用下，那些可控的、单向的信息沟通方式发生了很大的变化。如今，信息不对称现象正在逐渐消除，消费者的话语权正在不断强化，营销人员和消费者之间的权力关系正在不断改变。

在营销活动中，企业的控制力正在逐渐减弱，消费者的主导权正在不断增强。在营销传播环境中，随着去中心化的实现与草根群体的崛起，营销活动开始回归消费者本位。要想破除僵化的现状，实现突破性发展，营销人员必须学会与消费者进行平等对话，吸收消费者的智慧来实现发展。在这种情况下，人与人之间关系的重要性超出了人与内容的重要性。在营销过程中，企业与消费者之间的沟通模式应从**"消费者请注意"**转向**"请消费者注意"**，应从资讯营销转向人的营销。

◆ 聚众需求仍隐藏在细分市场与碎片化的背后

如果传播者能精确把握碎片化时代的特征，就一定能看到碎片化时代所隐藏的真正的社会内涵，这就是"分众"背后所隐藏的"聚众"需求。

其中，**"分"指的是从规模庞大的社会群体中划分出具有鲜明个性特征的小族群；"聚"指的是借用某种手段将价值追求、文化特征、生活模式相近的个体聚合到一起。事实上，东西越破碎，其聚合需求也就越强烈。**对于营销活动来说，多元化、个性化的消费主张既是机遇，也是挑战。

企业只要在破碎的背后找到隐藏的集中，借助变革营销方式的方法构建长尾效应，积少成多，就能在避免与大企业发生冲突的情况下冲出红海，开辟蓝海市场。

◆ 以"微创新"推动营销变革

微创新理论的提出刷新了大众对创新的认识。在很多情况下，创新并不是人们通常所认为的突破性的、革命性的创新，而是渐进性的、累积性的。当今时代，营销创新的观念也开始从"唯技术至上"朝"用户体验至上"转变。在这种情况下，微创新成为企业占领市场的利器。

一方面，企业必须打破"唯技术至上"的竞争思维，从小处着眼，重视每个消费者微小的需求；另一方面，在碎片化时代，消费者的行为与产品的口碑非常透明，市场参与者能更加准确地对用户行为进行定位，能更精准地开展市场营销活动，创新用户体验。虽然微创新强调以消费者为中心，但它也是一个真正的创新过程。

1.1.4　碎片化营销策略：精准、互动、口碑

碎片化时代有 3 个营销策略。如图 1-3 所示。

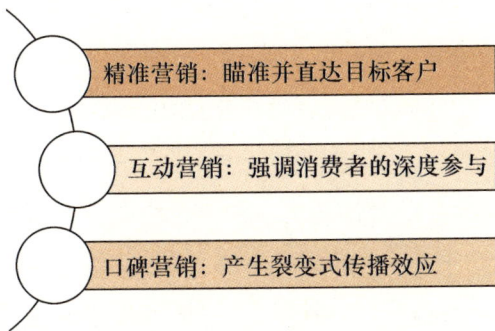

精准营销：瞄准并直达目标客户

互动营销：强调消费者的深度参与

口碑营销：产生裂变式传播效应

图 1-3　碎片化时代的营销策略

◆ **精准营销：瞄准并直达目标客户**

在碎片化时代，注意力资源日益稀缺，碎片化小众市场成为企业营销的主战场。在这种情况下，只有开展精准营销，才能在降低成本与风险的同时获得最好的营销效果，才能让企业的营销资源与费用发挥出最大的作用。

精准营销与传统的市场营销不同，它强调让营销方式与目标消费者更精准地接触，从而产生价值。在不断进步的信息技术的作用下，潜在的目标受众群与定向传播手段实现了统一。以搜索引擎营销为例，其最大的价值就是借助消费者的搜索行为获取目标受众的消费心理与消费行为，在恰当的信息聚合点以更精准的方式与目标受众实现对接。

企业在运营的过程中始终要面临两大问题：**一是融资难，二是成本上**

升。要想解决这两大难题，关键要找准市场与客户。面对这种情况，企业必须学会借力。**这里的力指的是各种创新工具与平台，然后以精确的市场细分与消费者需求定位为基础，找到自己的目标受众群，与目标用户进行有效接触，将针对细分客户群的营销价值重新聚合在一起。**

◆ 互动营销：强调消费者的深度参与

碎片化时代的企业营销需要消费者深度参与。在新兴数字媒介兴起的背景下，社会大众也能较为容易地参与社会传播，自由地表达自己的诉求。以此为基础，多元碎片的群落能进行有效的沟通与融合，权威能得以有效建立。营销过程必须是一个交互的过程，在新型营销工具的支持下与目标消费者进行沟通，让他们对无形产品的需求得到极大满足，共同创造出能给双方带来利益的产品，引导消费者融入企业的价值链。

从本质上来看，互动营销与传统营销在模式上有很大的不同。互动营销不只是一种传播活动，还是品牌传播、销售渠道、市场活动的结合体，强调消费者参与产品的设计。因此，企业在开展营销活动的过程中要及时发现传播规律的变化，摆脱传统的静态营销方式，掌握互动工具平台的使用方法，借此形成消费者与产品的一体化关系。

◆ 口碑营销：产生裂变式传播效应

由于传统媒体的广告费用过高，企业的营销方式正在逐渐"软化"，口碑营销与注意力营销正日渐成为营销重点。在这种众人参与的传播活动中，消费者是主体，因为消费者不仅可以借助网络获取广泛的信息，还能将获取的信息以及自己的想法与其他人交流、分享。所以，消费者口碑是在消费者人际关系的基础上形成的一种传播，相较于企业与消费者直接沟通来说，这种营销方式更可信，也更容易成功。

在这个时代，消费者口碑能对品牌命运产生直接的影响。所以，企业必须学会如何形成消费者口碑，利用合适的社会化媒体制造话题、参与话题、引导话题，利用消费者为企业和品牌进行免费宣传，在降低成本、提高效率的同时让口碑营销的效果达到最佳。口碑营销的前提条件是，**企业产品必须优质、话题必须具有吸引力，**只有这样才能吸引更多消费者对其进行宣传，才能形成裂变式传播效应。

1.2　实践策略：如何聚合消费者的碎片化时间

1.2.1　关键时刻：构建系统的碎片化传播

在碎片化时代，人们每天要接触大量的信息，注意力过度分散。要想使自身在品牌林立的竞争环境中成功突围，企业必须抓住和消费者接触的分分秒秒，让消费者获得最极致的服务体验。在满意度研究理论中，"关键时刻"（Moment of Truth）被定义为与顾客接触的每个时间点，因为往往短短几秒钟就决定了品牌在消费者心中的地位。

著名餐饮品牌海底捞在关键时刻为顾客提供极致服务的案例，尤其值得我们借鉴。顾客就餐过程中，仅仅是咳嗽了几声，服务人员就会立即拿来止咳糖浆；带着宝宝的顾客进入门店后，服务人员会立即为顾客提供宝宝椅等。

回顾人类发展的整个历程，生产力的提升及科技的持续突破，引发了消费领域的重大变革，传统市场走向衰落，原有的行业巨头被抓住新机遇的后来者取代。例如，互联网的诞生使得以电子商务为代表的诸多新兴业态成功崛起，智能手机的兴起成就了"苹果"，导致曾经风光无限的诺基亚手机黯然离场。

碎片化虽然给企业的发展带来了诸多阻力，但也创造了一系列新的发展机遇。身处碎片化时代，营销从业者需要转变思维模式，学习新的营销技巧。

人们热衷于加入到社群之中，并且对社群的意见领袖有较高的忠诚度，这为企业进行营销推广打下了良好的基础。以小米公司为例，小米对目标群体实施社群化运营，为粉丝群体搭建社群，并赋予社群一定的风格与调性；在与粉丝进行交流互动的过程中，发掘其潜在需求，实现产品的定制生产及营销。

传统营销的逻辑是对产品的优势进行总结及归纳，将其整合到一个核心诉求点中，然后再通过广告的形式，在一段时间内重复性地对目标群体施加影响。**而碎片化营销的逻辑则是尽可能地充分展示产品在各个维度上的优势，实现系统的碎片化传播。**

以苹果手机为例，苹果公司在正式推出一款新品之前，会利用各种方式向外界公布产品的部分功能、硬件配置、外观图等，让消费者对其产品形成一个较为模糊的概念，确保消费者在不断了解新款产品的过程中，长期对其产品及品牌保持较高的关注度。此外，互联网公司经常采用的跨屏、跨渠道的整合营销，也是系统的碎片化传播的一种应用。

不过，系统的碎片化传播存在一个明显的短板：碎片化的信息很难长期保持较高的热度，在信息过载时代，被海量信息不断冲击的人们很容易遗忘这些碎片化的内容，对企业营销十分不利。所以，如何提升营销内容的持续影响力，是营销从业者必须要解决的一个问题，也是系统的碎片化传播能够创造价值的重要基础。

在诸多的成功案例中，企业营销人员借助制造讨论话题，让目标群体参与讨论、分享、转发等，成功地使营销内容长期保持较高的热度，对产品销量及品牌影响力的提升产生了积极影响。与TCL、长虹等传统品牌厂家生产的电视机相比，小米电视、乐视电视在品质、功能等方面处于明显的劣势，但通过制造讨论话题，让消费者参与到传播、分享中来，后者同样能够保持较高的销量。

品牌的联合营销是碎片化时代企业进行营销推广的有效手段。市场碎片化程度日渐加深，使得很多企业从中发现了细分市场；但与此同时，碎片化也使得企业营销愈发困难，营销人员需要同时关注多个目标群体，通过各种传播媒介生产差异化的内容，从而有效满足目标群体的个性化需求。

如何才能在降低营销成本的同时取得良好的营销效果呢？此时，品牌的联合营销就成为一种很好的选择。虽然这些品牌属于不同的行业，但它们之间存在着某些相似的特征，拥有的用户群体能够相互转化。

碎片化时代已经来临，在这种新的营销环境中，传统的营销思维及营销手段已经变得不再适用。从实践来看，碎片化在价格、渠道、营销场景等诸多维度上对企业营销产生了深远影响。要想在碎片化时代生存下来，企业需要学习新的营销思维，掌握新的营销手段。

1.2.2　内容营销：让品牌与用户深度连接

随着移动互联网的发展，时间、信息及受众的注意力被分割，日益变得碎片化。为了迎合这种趋势，很多品牌开始引入内容营销，创造内容，每天会向受众发布品牌信息，但营销效果总是差强人意。对于用户来说，相较于内容营销，以体验为基础形成的个性化营销更容易接受；对于品牌来说，优质的产品与服务依然是核心。

对于企业来说，不管其规模大小，完备的内容生产能力是必备要素。企业与受众分享品牌故事的方法有很多，如录制微视频、纪录片，编写文字内容，创制电子刊物等。受众基于消费、分享、创造这三大目的对媒介进行使用。对于数字网络媒介来说，其不仅诱使营销传播的媒介环境与工具发生了改变，还塑造了一个群体消费者，并赋予了消费者抗衡企业的权力与能力，使消费者与企业之间的关系得以改变。

在移动互联网环境下，行业的发展有了无限的可能。移动互联网借助场景将人与需求、供给联系在一起，建立了种种新连接，在需要的时候，这种连接随时能被激活。在这种情况下，新场景不断涌现，新品类被不断创造，新商业模式不断升级，品牌与用户之间的关系也开始被重新定义。

在新场景下，品牌与消费者之间的关系得以重塑，人们逐渐摆脱了单纯的消费者这一角色，而是参与到品牌塑造、品牌体验、品牌传播的过程之中，品牌传播开始从利益驱动朝个性化体验的方向转变、发展。在这种情况下，消费者与品牌之间的关系变得更加紧密，这种关系是过去消费者对品牌进行评价之后生成的品牌忠诚度所望尘莫及的。在与品牌互动、连接的过程中，消费者秉持的是享受态度，已经与品牌融为一体，在谱写品牌故事的过程中也创造了自己的故事，成为品牌的最佳体验者与传播者。

随着人工智能技术的普及和发展，AR/VR 将重新定义下一代互联网。在这一代互联网中，信息是最基本的组成部分；在下一代互联网中，体验将成为最主要的流通要素。随着以 AR/VR 为代表的人工智能技术的普及应用，用户体验逐渐提升，VR/AR、智能对话机器人之类的交互形式受到了人们的热烈追捧。

随着市场环境的变化，众品牌都将营销重心放到了社群营销领域。为了做好社区营销工作，公司需要设立一名社群首席官，与公司的商业模式和目标相结合，以系统化的方法对社群营销进行规划，组建专业化的团队对社群营销进行管理。

对于社群来说，其成功的一大标志就是社群成员之间的参与感。一个成功的社群，社群成员之间的连接较为紧密，连接关系较强，社群成员之间的参与感也较强。

在互联网社群工具的作用下，社群实现了高速发展。对于社群来说，其经营成败的关键取决于社群成员之间是否存在高强度的连接关系。在整个关系中，人是核心，社群运营效率的提升主要依赖工具，连接关系是关键纽带。

1.2.3 精准聚焦：碎片化时代的"聚"营销模式

移动互联网的崛起使得人们的消费需求变得愈发移动化及碎片化，人们在搭乘公交、排队付款等各种碎片化场景中进行购物、娱乐，这确实使人们对时间的利用率得到了大幅度提升。但对于企业而言，过度碎片化使营销推广的阻力越来越大。

20 世纪 80 年代初，央视凭借自制纪录片《话说长江》就能刷新收视纪录；而到了今天，即便是多年来对国人具有重要意义的春晚，其吸引力也在逐渐减弱。如何打破碎片化所带来的营销阻力，已经成为营销从业者亟须解决的重要问题。

◆ 导致碎片产生的原因

（1）媒介品类日渐丰富

科学技术与生产力的不断发展，催生了各种各样的新媒介，传统媒体垄断信息传播的时代已经远去，人们可以从多个渠道获取自己需求的内容。在日常生活中，我们可以在计算机上浏览新闻的同时，通过网络电台收听音乐，用 QQ、微信等社交工具与亲朋好友聊天等；传媒市场也被分割成一个个碎片化的细分市场。

（2）个性化需求崛起

大数据、云计算、移动互联网等各种高科技的运用，使得信息不对称的局面被打破，人们的个性化需求在短时间内迎来了集中爆发。在产能过剩的背景下，消费者开始主导产品的生产；满足消费者的个性化及差异化需求，成为企业构建核心竞争力的关键所在。再加上自媒体的快速发展，使人们可以高效率、低成本地表达自己的观点，从而进一步强化了市场的碎片化特征。

在营销维度上，市场碎片化造成了市场过度细分，营销成本大幅度增长。这就要求营销人员能够从大众化及模糊化的市场中找到个性化的细分群体的同时，也能够将存在同一生活理念、消费需求与价值观的个体聚集起来，从而为企业制订出碎片化时代适合自身发展的营销服务解决方案。

分析广大民众的"碎片化"的目的，是让我们能够找到将这些碎片重新聚集起来的有效方式。**先对目标群体进行细分，然后对其进行聚集，从**

而能够针对这些特征鲜明的个性化群体进行低成本、高效率的营销推广。

◆ **碎片化时代的"聚"营销模式（图1-4）**

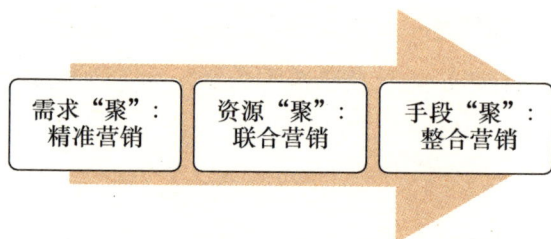

图1-4 碎片化时代的"聚"营销模式

（1）需求"聚"：精准营销

精准营销对目标群体的选择及市场定位提出了极高的要求。可以说，无论市场环境发生怎样的变化，营销领域中那些能够与用户建立起较强关联并实现差异化竞争的企业向来能够取得成功。

德国汽车品牌奔驰为了实现精准营销，邀请上百名国内车主前往其位于斯图加特的集团总部进行对话，让这些车主对未来S级车型的外观、材质、功能等进行商讨；而且车主并不局限于奔驰用户，宝马与奥迪用户同样位列其中。据了解，前往斯图加特奔驰集团总部的车主，根据自己的个性化需求对奔驰集团提供的下一代S级车型的初步设计进行了评论，并由奔驰集团的高管、设计人员与工程专家为他们进行讲解。最终，这100名车主的评论意见提交至董事会进行研讨。毋庸置疑的是，这种充分搜集目标群体反馈意见的做法，将会为奔驰日后进行个性化营销推广打下坚实的基础。

（2）资源"聚"：联合营销

联合营销要求企业或品牌共享战略资源，以合作共赢为目标，通过释放合体势能来进行营销推广。需要注意的是，合作企业之间面向的市场应该存在一定的差异，双方能够实现优势互补，从而能够从多个层面上对目标群体的消费决策产生重大影响。

在联合营销过程中，由于合作企业之间的产品理念、商业模式、品牌影响力等存在一定的差异，往往能够激发营销人员的想象力与创造力，从而以一种更具活力与深度的整体品牌形象面对广大消费者。

（3）手段"聚"：整合营销

整合营销十分重视对营销方式及工具的深度融合，并能够对动态变化的市场环境做出及时的调整，从而取得预期的营销效果。

在休闲食品领域，品牌之间的同质化竞争日趋白热化。在如此激烈而残酷的市场环境下，让自身的产品及品牌能够脱颖而出无疑是一件相当困难的事情。而国内膨化休闲食品品牌"妙脆角"就凭借整合营销建立起了领先优势。

此前，妙脆角所采用的主要营销手段就是"买赠"，然而在市场竞争不断加剧的背景下，这种营销方式所取得的效果愈发不理想。如何充分整合线上及线下的优质资源，以更新颖的营销手段吸引消费者的注意，成为妙脆角营销人员亟须解决的重点问题。

妙脆角营销人员通过对用户数据进行一系列深度研究，发现其消费群体主要就是"90后"及"00后"的年轻群体，这一群体具有强烈的娱乐需求，对手游尤为青睐。于是，妙脆角营销人员制定了为目标群体提供游戏道具奖励的促销方案。与此同时，妙脆角在其产品包装及宣传页、海报中引入经典游戏人物形象，有效提升了妙脆角品牌的趣味性与亲和力。

妙脆角迎合年轻用户群体的个性化需求，并充分借助线上及线下资源进行整合营销，从而赢得了目标群体的高度认可，为其能够在竞争激烈的休闲食品市场成功突围提供了强大推力。

在碎片化时代，消费者的选择更为多元化和复杂化，从而使企业营销推广的成本大幅度增加。而将精准营销、联合营销与整合营销融为一体的营销"聚"模式，为解决这一问题提供了有效的解决方案。

1.2.4　碎片化运营：打造企业核心竞争力

在碎片化时代，消费者所面临的选择日益增多，个性化特征也越来越明显，精准与细分将成为市场营销活动的关键策略。在这种形势下，如果再采取以前那种简单粗放的方法组织营销活动，企业很可能会费力不讨好，陷入两难境地。

由此可见，在碎片化时代，如果企业没有强大的资源整合能力，缺乏科学的市场营销措施，其资金实力再强大也一定会走向绝境。为此，企业应将主要精力放在优质产品的打造上，不能再将资金用于打广告、构建渠道等方面，否则企业终将失去竞争优势。在这个时代，企业要想构建和保持自己的核心竞争优势，最实用的方法就是研究顾客，发现并满足顾客的需求，如图 1-5 所示。

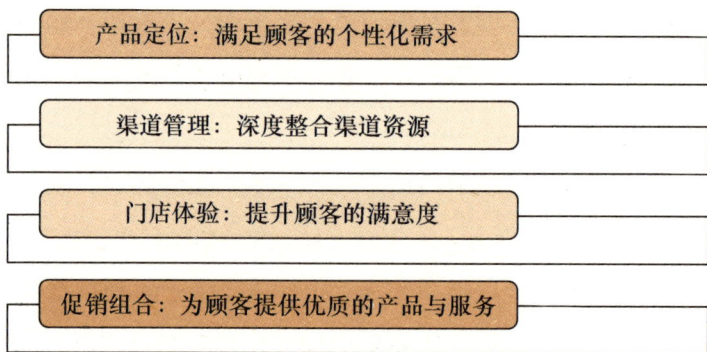

图 1-5　碎片化时代的企业运营策略

◆ *产品定位：满足顾客的个性化需求*

效益与效率是工业化时代最突出的两大特征，效率提升一定会使效益增加，生产厂家在采取规模化竞争策略的同时开始推行价格战。随着市场环境的变化，顾客对产品的期待逐渐提升。但是对于顾客来说，其选择产品的理由有很多，价格只是其中之一而已。随着个人可支配收入的增加，顾客对个性化定制产品的追求超出了物美价廉的产品。

自进入碎片化时代以来，仅满足顾客需求已难以维持企业的生存与发展，企业要将主要精力放到创造顾客需求方面。因此，只有产品创新才能帮助企业实现革命性的增长，而产品创新的实现要求企业对顾客进行深入的研究。

当代企业中，在创造顾客需求方面做得较好的企业有香飘飘奶茶、王老吉凉茶等。从目前的发展形势来看，这些横空出世的企业成功地满足了顾客需求，并使顾客的日常生活得到了改变。

在碎片化时代，顾客需求的个性化特征愈发明显。对于市场营销人员来说，**小众市场逐渐成为关注的重点，产品的低价竞争策略正在逐渐失去效用，顾客的目光逐渐被那些能够满足人们个性化、多样化需求的产品所吸引**。在这个时代，那些返璞归真的传统手工制品创造了更多的想象，逐渐成为新的经济增长点。这些产品因无法实现标准化生产而有了特殊的意义，这种独特的产品不以生产成本定价，有着很高的额外价值。

◆ 渠道管理：深度整合渠道资源

在传统的销售方式下，产品是经由专属的渠道交到顾客手中的。这个渠道可以是经销商渠道，也可以是自建网络渠道。而所谓的"专属"指的是，如果产品是食品，就要通过食品经销商进行流通；如果产品是家居建材，就要通过家居建材经销商进行流通，其终端门店经常会采用单一的品类经营模式。

而在碎片化时代，对于企业来说，产品规模化生产所带来的竞争优势逐渐减弱，顾客行为深受便利性的影响。在这种情况下，企业营销创新活动的开展依赖于如何快速地进行市场渗透、如何自建网络。

在传统营销模式中，产品流通与销售主要依赖单一渠道或专属渠道，**而碎片化时代强调的是渠道创新**。例如，某干洗店与某家纺企业签订战略合作协议，在干洗店中销售家纺产品，这就是非常典型的渠道创新。事实上，这种渠道创新方式早有苗头，如在药店中销售化妆品等，关键在于谁能率先发现并利用这些现存的创新点开展销售活动。

淘宝创造了"双 11 疯狂购物节"，活动期间的销售额经常破千亿元。

这种狂热现象有力地说明了电商渠道正在不断壮大，其规模已不容实体企业小觑。随着京东、苏宁易购、当当网等越来越多的企业进入这片红海，产品供应商也赢得了越来越多的销售机会。

在碎片化时代，仅依靠传统的渠道规划与渠道激励已不足以完成渠道管理工作，渠道类型开始表现出差异化、多元化的特征，渠道管理工作亟须交由忠诚度较高、市场营销能力较强的经销商队伍来完成。而且，相关人员要明确不同渠道规划所产生的战略意义，要做好渠道资源的整合工作，规避渠道冲突。对于企业来说，碎片化时代的渠道管理是一大挑战。

◆ **门店体验：提升顾客的满意度**

在货架式产品陈列方式下，顾客虽然能快速找到自己所需的产品，但其购物行为没有过多的价值，顾客也很难从购物活动中体验到更多的乐趣。在这种情况下，门店体验日益成为产品销售过程中企业创造价值的新动力。

如今，国内体验式门店的数量日益增多。从百思买体验式家电销售方式进入中国之日起，传统的家电卖场开始借助体验式销售模式转型，而这种转型之风甚至波及面包店领域。以"85度C"为例，自体验式模式盛行以来，这家面包店除了为顾客提供面包产品，也开始增加咖啡等热饮，有些门店还增设了桌椅让顾客在店内享受食品。

受门店体验营销的影响，**首先得到的是改变门店规模**。对于社区小店与大型超级卖场来说，我们无法评价哪一种门店规模更加先进，因为其目标客户群不同，辐射范围有异，在不同环境下满足不同目标客户群体的需求。

其次受到影响的就是门店的陈列。众多品牌店开始在出样产品数量研究方面投入越来越多的精力。用的一种产品陈列方法，它们在产品陈列方面更崇尚二八法则。因此，对于体验店和专卖店来说，二者最大的不同在于，前者创造顾客的生活梦想，后者满足顾客的需求。

最后受到影响的是门店的服务。在传统的销售模式下，销售人员因想要完成销售目标而向顾客提供门店服务，这种服务在很大程度上不是发自店员内心。体验式门店的关注重点在顾客的满意度方面，不过于强调店员的推销能力。

◆ **促销组合：为顾客提供优质的产品与服务**

促销能有效提升销售数量，传统的促销方式包括广告促销、公关、人员推销、销售促进。在碎片化时代，大众市场的规模逐渐变小，传统的轰炸式广告投放方式所取得的效果逐渐减弱，广告投放逐渐将精准力与持续性当成了重点。

"精准力"指的是集中精力对目标客户群进行研究，无论是广告活动还是公关活动，都要围绕目标客户来开展，这对于广告经理来说是一大挑战。要想做到这一点，广告经理必须具备强大的资源分配能力，围绕顾客来创新广告内容，打造创意广告。

"持续性"指的是以目标用户为对象进行长期的品牌宣传，让品牌故事以更丰富、更精彩的形式表达出来，同时将品牌内涵与企业精神保存下来。

在碎片化时代，销售人员要想做好产品销售工作，其工作职责必须从推销转向服务，也就是要由推销人员转向服务人员。改变与顾客之间的敌对关系，要与顾客建立亲密友好的关系，从顾客角度出发，满足其真正的需求。

此时，对于销售人员来说，产品能否销售出去，产品销量等问题的重要性逐渐下降，能否帮顾客找到所需产品、能否让顾客的真实需求得到满足才是最重要的。为了做到这一点，销售人员在熟悉自己产品的同时还要熟知市场上的其他产品，能对市场上的资源进行整合。

至于"销售促进"，指的就是狭义上的促销活动问题。在碎片化时代，传统的促销活动终将失去效用，以产品和服务打动顾客、鼓励顾客购买将成为最有效的促销方式。另外，低价促销永远无法获取高忠诚度的顾客，市场营销人员必须想方设法让品牌形象在顾客心中扎根生长，以获得高忠诚度的顾客。

1.3 跨界整合：碎片化时代的品牌营销模式创新

1.3.1 跨界营销：多渠道整合提升品牌价值

跨界营销，顾名思义就是突破单一的行业边界，打通多行业渠道，力求多品牌联合互动，创造综合性的品牌价值。这是一种有效融合多种品牌价值来拓展企业生存空间的方式，能够使一家企业在很短时间内的综合竞争力快速超越对手，拥有同行业竞争者所在行业无法获取的优势。

总之，跨界营销就是对行业营销的一次概念和时间上的颠覆，它给营销以及生活带来全新的概念，突破了品牌发展一条道走到黑的固有模式，为品牌提供了更多的发展机遇。

跨界营销的特点或者说是可操作性，体现在以下几个方面。

第一，打破传统的单打独斗的品牌营销模式，突破品牌之间的壁垒，整合资源和品牌价值，实现多品牌之间的协同效应。

第二，品牌在进行跨界营销时对于合作伙伴的选择是有特殊要求的，品牌之间最终是要寻求在用户体验上的互补，而并非简单的功能叠加。

第三，跨界整合所面向的对象是一致的。因为在进行品牌跨界之前要对目标群体和整个市场做深入的调查研究，对消费者的消费偏好和习惯进行考察，有针对性地进行跨界营销。

第四，对品牌的能力是巨大的考验。在跨界营销之前，品牌只需考虑自己的资源就可以了，但当两个或者多个品牌进行联合时，资源的复杂性随之体现出来，如何协调好这其中资源的配置是能够实现协同效应的关键因素。此外，尤其还要注意新因素的注入对消费群体的影响，避免其重复或冲突导致消费者对品牌印象的模糊。

跨界营销在各领域都有应用，而在服装行业虽然不是传统的营销手段，但其在品牌中的应用已经越来越广泛。为了在如今更加激烈的市场竞争中寻求更大的生存空间，越来越多的品牌纷纷开始实行跨界营销。

2003 年，彪马携手 MINI COOPER 打造了 MINI COOPER 2 part shoe——一款黑色的驾驶用鞋。这款合作生产的鞋在宝马和彪马的专卖店同步出售，售价为 120 美元。这一举动使得彪马突破了运动鞋的圈子，避开了运动鞋品牌之间的竞争，在其他品牌领域同样博得了关注。

乔治·阿玛尼是意大利一位著名的服装品牌设计师，他在 2004 年为奔驰设计了一款敞篷跑车，在全球限量发行 100 辆。这款产品融合了服装设计师与汽车厂商两类元素，两种设计理念相得益彰，均体现了稳重而典雅的气质。

跨界营销是一种新型的营销模式，从兴起到蓬勃发展也经历了十几年的时间。其兴起的原因有以下几个，如图 1-6 所示。

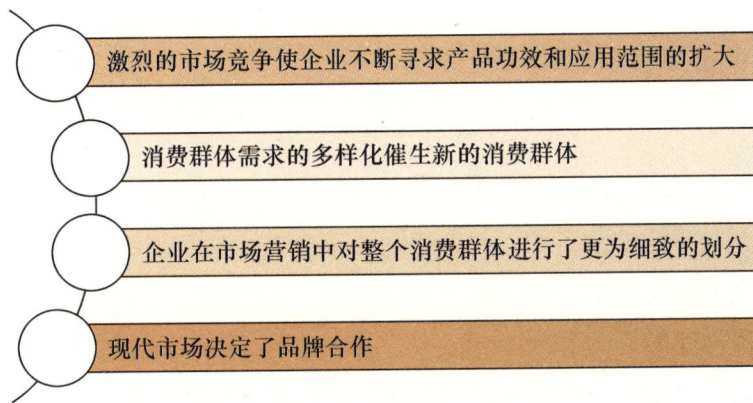

激烈的市场竞争使企业不断寻求产品功效和应用范围的扩大

消费群体需求的多样化催生新的消费群体

企业在市场营销中对整个消费群体进行了更为细致的划分

现代市场决定了品牌合作

图 1-6　跨界营销崛起的四大因素

◆ **激烈的市场竞争使企业不断寻求产品功效和应用范围的扩大**

市场竞争愈发激烈，各个品牌都希望研发出可以更大范围占据市场的产品，这就使各行业之间的界限得以打破，甚至在某一个大的概念范围内人们无法确定产品的行业归属。如泡腾片作为一种药品的同时，人们也将其视为一种饮品；康王洗发水既是日化用品，又从属于药品。

◆ 消费群体需求的多样化催生新的消费群体

随着社会的不断发展，消费者的需求也由单一转向多元，某种产品的基本功能已无法满足消费者的多样化需求，他们更渴望能够展现个性或价值的产品，这就催生了以品位、价值需求为第一要求的新型消费群体。如购买奢侈品的消费者更多的是想要展现个人品位。

◆ 企业在市场营销中对整个消费群体进行了更为细致的划分

面对产品同质化、竞争无序化的市场，企业要想在竞争中占据优势地位，必然要以消费者的需求为出发点，对消费群体进行更为细致的划分。这种划分不是在原有的性别、年龄、地域等传统标准上进行改变，而是要摒弃传统标准，以生活方式、生活品位、受教育程度等精准化指标来进行划分。

◆ 现代市场决定了品牌合作

在现代市场上想要以单打独斗的形式实现品牌发展是不可能的。一个品牌大都关注某一领域，这种专一决定了品牌方向的单一性。如果市场中出现了某种替代性竞争者，就更加剧了品牌被淘汰的可能性。相反，品牌合作则会增强彼此的实力，降低资本投入。

以上四大因素催生了跨界合作，这种合作实现了品牌与品牌之间的交流、诠释，使行业之间的联系更加密切，甚至可以帮助企业找到更多的角度来审视自己的品牌，使品牌向纵深方向延伸，呈现多面立体的特点，最终打造出更具张力的品牌形象，获得更多消费者的青睐。

跨界合作打破了品牌营销中传统的单兵作战模式，使两个或两个以上的品牌在合作中提升了品牌影响力和品牌穿透力，同时帮助品牌更好地融入消费者中。跨界合作的这些优势是传统营销方式所不具备的，因此，越来越多的企业投入到跨界营销的行列中也就不足为奇了。

1.3.2 实践路径：企业跨界营销的五大策略

越来越多的企业投入跨界营销的实践之中，在这一过程中采取的策略也都大同小异，主要表现在以下 5 个方面，如图 1-7 所示。

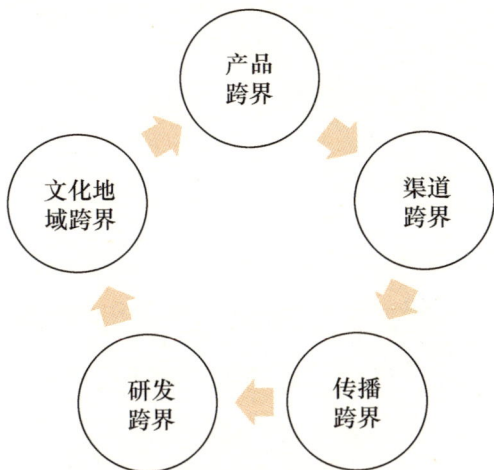

图 1-7 企业跨界营销的五大策略

◆ **产品跨界**

这主要是指寻求品牌之间共同的核心元素来进行跨界营销，在产品方面的策略是企业跨界的流行做法。

例如，彪马与德国品牌 Jil Sander 的产品以动感、美感为设计目标，而且两者所面向的消费群体大都是既追求时尚又渴望动感的年轻人，这种营销方面的共同点造就了两者之间的合作，事实证明这种合作给消费者带来了极致体验，也提升了品牌的影响力。

◆ **渠道跨界**

渠道方面的策略主要是指合作品牌共享渠道进行品牌宣传。

例如，著名彩电品牌创维与厨卫王牌产品华帝的合作主要就是渠道共享。两者的合作实现了各自销售渠道的融合，华帝和创维分别在各自的专营店对彼此的产品进行展示、销售，双方联手在各大城市开展团购活动，甚至启动"新农村影院工程"来拓展三四级市场的营销渠道。这些渠道共享使华帝和创维获得了双赢，在提升销售额的同时，也实现了群众对某品牌的认可度。

再如，某些化妆品也与 OTC 药品共享渠道，使具有"特殊功能"的化妆品占据了 OTC 药店的半壁江山。

◆ 传播跨界

根据消费群体的需求对产品进行再定义，这种定义突破了品牌的原有领域或行业。如节日礼品宠儿"脑白金"，本是作为保健品而上市的，但是"收礼只收脑白金"的广告词又使之闯入了礼品行业。

◆ 研发跨界

研发功能的跨界主要是借助其他行业已经成熟或者成形的概念来实现跨界功能，如抗衰老的护肤品就是化妆品与保健行业之间的跨界，此外药物如辅酶 Q10 运用到美容产品中、护肤品运用到洗发产品中这类化妆品业内的跨界等。

◆ 文化地域跨界

这主要是借助了不同地域的文化特点来促进产品的发展，如借助儒家文化来发展的孔府家酒，以及在广告中十分熟悉的金六福产品与中国酒文化的成功结合等。这类借助我国知名地域或者知名文化而发展起来的产品就是这方面跨界成功的典型。

无论何种领域，可利用的资源是可以挖掘的。同军事领域一样，经营领域也因其有可利用的资源、坚实的后盾支持而成就了诸多成功的案例。

但是这些案例在成功之后没能留下值得借鉴的价值。

我们以军事为例，许多将领在取得初步胜利的同时也获得了如资源补给、上级肯定、战士高涨的士气等各类资源。这看似为最终的胜利奠定了基础，但也滋生了将士们的骄傲心理，在遭遇困境之后难免产生信心不足的偏差，而成功的战略不一定能够适应逆境，这就会导致战争的最终失败。

面对激烈的市场竞争以及无处不在的商业危机，有些企业的领导者因信心不足或战略失误做出了错误的决策，最终导致企业走向衰落；而有些企业却能够把握市场脉搏，正确认识客观的市场环境，跳出自己的品牌与其他品牌进行跨界合作，这种剑走偏锋的勇气使其获得了更大的成功。不管是顺境还是逆境，都需要领导者具备广阔的战略视野，以强大的抗逆境能力迎接各类挑战。

1.3.3 品牌协同：跨界时代的品牌运营法则

跨界营销的关键在于创新，通过创新可以打破新营销环境中的诸多痛点，最大限度地释放品牌的合体势能。在实践过程中，品牌商要打破传统思维的限制，避免局限在某个品牌或者某一行业中，要以跨界的思维进行运作，积极借鉴其他行业及品牌的经验、模式、玩法，最终实现多方合作共赢。具体来看，成功引爆跨界营销需要做到以下几点，如图 1-8 所示。

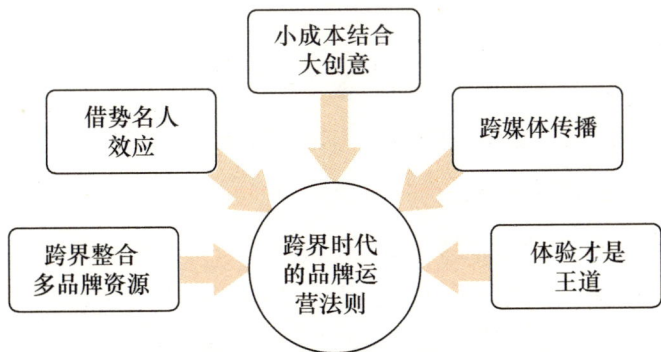

图 1-8　跨界时代的品牌运营法则

◆ 跨界整合多品牌资源

国内企业普遍存在过度重视竞争而忽略合作的问题。确实，同行业企业之间存在竞争，但不同领域的企业之间完全可以进行合作，通过跨界融合进一步发掘目标群体的潜在价值。

很多企业之所以抵触跨界合作，是因为管理者认为资源共享后就会导致其价值降低，进而削弱企业在行业中的地位。但事实上，不同领域的企业分享人力、渠道、媒介等资源不但不会削弱企业的实力，反而会有效提升企业的外部竞争力。在市场竞争愈发激烈的背景下，企业需要以平台思维来整合各种优质资源，通过抱团取暖应对各路玩家的强力冲击。

品牌间的跨界营销，将有助于企业深度发掘用户群体的潜在价值，更加高效、低成本地引入合作伙伴的优质渠道、媒介等资源，通过强强联合，取得"1+1 ＞ 2"的效果。

◆ 借势名人效应

名人效应能够为跨界营销活动创造良好的话题性，而且由于名人本身存在着大量的忠实粉丝，如果品牌商能够加以引导，不但能够极大地提升产品销量，而且很容易实现口碑传播。在草根崛起的当下，品牌商不仅可以和传统娱乐明星进行合作，更为亲民的网红同样具有极高的营销价值。

◆ 小成本结合大创意

拥有优质的产品是企业能够不断发展壮大的重要因素，但在信息过载的移动互联网时代，如果不能通过有效的营销手段将营销内容推送到目标群体面前，即便是再优质的产品也会被诸多同质化产品所淹没，而优秀的创意无疑是确保营销取得成功的关键所在。

在同质化竞争泛滥的当下，创意的价值被提升到了前所未有的高度。品牌商在实施跨界营销战略的过程中，创意元素的应用能够极大地提升营销内容的吸引力，使品牌商以较低的成本获得更高的收益。例如，品牌商可以将产品及品牌信息融入传播性较强的故事中，将品牌作为故事中的人物、道具等，在人们传播故事的同时也使产品及品牌得到有效推广。

◆ **跨媒体传播**

如今，媒介愈发丰富，以微信、微博为代表的社交媒体，以及爱奇艺、优酷、土豆等视频网站，喜马拉雅等音频平台，斗鱼、熊猫、虎牙等直播平台，不仅覆盖了更多的潜在用户，而且营销成本远低于传统媒体。当然，写字楼及购物中心的墙面广告、人流量较大的公交站台及地铁站台广告等线下媒体，同样具有较高的营销价值。所以，在跨界营销过程中品牌商要充分借助各种线上及线下的传播媒介，进行全渠道推广。

◆ **体验才是王道**

让目标群体进行充分体验，才能产生较强的参与感，有效激发用户的购物欲望。在品牌进行跨界营销的过程中，可以积极开展品牌体验活动，通过体验营销来抢占用户的心。在体验营销过程中，品牌商可以让消费者采用试用、触摸、观察等方式体验产品及服务。当然，这需要企业的产品及服务具有较高的质量，才能吸引消费者为之买单。

日本知名化妆品品牌DHC在进行跨界营销时就十分注重体验营销，其通过为目标用户群体提供高质量的免费试用产品，激发用户的购买欲望，然后再为用户提供优质的产品及完善的售后服务，使用户成为产品的终身购买者。这种营销策略值得国内企业，尤其是那些过度依赖价格战的传统企业充分借鉴。

1.3.4　品效合一：引爆品牌跨界的协同效应

碎片化时代背景下，跨界融合成为常态，互联网的存在使得行业之间的界限日渐模糊。在跨界融合掀起的巨大浪潮中，跨界营销受到了企业界的高度重视。品牌商进行跨界营销，是一种典型的联合营销，合作伙伴之间能够共享渠道、媒介、客户群体等优质资源，实现低成本、高效率的传播推广。

同质化内容泛滥，再加上消费者每天被海量营销信息包围而产生的视听疲劳使得企业的营销手段必须具备一定的新鲜感及刺激点，才能取得良好的预期效果。而品牌商之间的跨界合作，使得不同领域内毫无关联的事物能够相互碰撞融合，产生良好的化学反应，企业营销活动变得更具内涵、更有话题性。

更为关键的是，进行合作的品牌商在各自领域内都有忠实的用户，**通过跨界营销，能够促进这些品牌商的用户相互转化，进一步提升产品的销量及品牌的影响力。**当然，这需要合作品牌商的消费群体在生活理念、消费价值观等方面具一定的共性。

虽然企业界存在着诸多品牌跨界营销的成功案例，但失败的案例也是不计其数。进行品牌跨界营销，并非利用图片编辑软件将两个品牌的 Logo 弄到一起，或是在微博、微信中隔空喊话。要想让品牌跨界营销取得预期效果，必须做到以下几点。

◆ 品牌之间的合作要出人意料，给人惊喜

与滴滴合并的 Uber 中国在这方面的做法值得我们充分借鉴。进入中国市场以来，Uber 通过"雪糕日"、一键呼叫水陆空、明星及企业 CEO 担任司机等营销活动引起了消费者的广泛关注。2015 年 8 月，通灵珠宝与 Uber 中国及南京互联网公司共同推出了名为"一键呼叫 1 克拉钻"的品牌跨界营销活动，它作为南京地区首次以珠宝为主题的百万人全城互动活动，引起了南京市民的广泛关注。

事实上，Uber 为消费者提供的服务本身就很容易让人们产生惊喜。当人们下单后，所有的一切都是未知的，司机的容貌及性别、汽车的类型、拼车的乘客等不是固定的，这种新鲜感为 Uber 吸引了大量用户。

◆ 创造全新的运营模式，人人都能参与其中

以加多宝为代表的诸多快消品牌布局"移动互联网 +"，是这种玩法的典型代表。加多宝将带有二维码的瓶身打造成新的传播媒介及流量入口，消费者扫描二维码后，就可以获得加多宝联手诸多品牌打造的"金彩生活"的"独家福利"。

加多宝在与韩都衣舍、一嗨租车、滴滴打车、京东商城等首批合作伙伴进行合作，取得了良好的营销效果后，又与当当网、张小盒、百度外卖、民生银行、微信电影票等诸多领域的品牌进行合作，进一步释放了品牌跨界营销的巨大潜在价值。用户扫描二维码这种几乎没有门槛的参与方式，再加上诸多品牌商的助力，使加多宝的跨界营销取得了超乎预期的传播效果。

◆ 要跨界就跨到极致，做到行业顶尖才能积淀下来

米其林无疑是将跨界玩到极致的典型代表。一家轮胎制造商对餐厅及美食的评价很难让人信服，但米其林就做到了这一点。事实上，米其林出版美食及旅游指南图书《米其林指南》背后的逻辑并不难理解，为了扩大轮胎的销量，必然要提升人们购车的欲望，而鼓励人们远行，让人们到更远的地方旅游、享受美食，无疑是激发人们购车欲望的有效手段。

营销的核心始终是分析用户需求、把握人们的需求心理，与目标群体进行互动交流，从而使品牌能够占领消费者的心智。跨界营销同样是这种逻辑，让用户感到新鲜、刺激，给予消费者更为丰富多元的场景体验，才能使其产生情感共鸣，激发其购物欲望。

第 2 章

注意力经济:
捕捉消费者的眼球和兴趣

2.1 注意力经济下，企业品牌的创新运营实践

2.1.1 策略一：创新产品策略，改善服务管理

注意力经济是指对企业现有资源进行优化配置，以最低的成本吸引客户的注意力，对其消费群体进行培养，使所获取的无形资产最大化。简单来说，**注意力经济指的就是经营消费者的注意力**。当今社会，产品品类丰富，能满足消费者需求的产品与信息非常多，只有那些能抓住消费者注意力的产品与信息才能实现价值。建议企业必须从产品、品牌、服务、形象、分销策略、促销策略等角度出发，增强吸引注意力的能力，以获取消费者更多的注意力，来促使企业实现可持续发展。

◆ 创新产品策略（图 2-1）

（1）增强产品的实用性，吸引消费者注意

如果产品能帮助消费者解决某些问题，其在遇到这些问题时就会自然而然地对这些产品加以注意。对于顾客来说，他们花费金钱换取的是

结果，是产品能够带来的益处，而并非产品本身。例如，顾客购买药品是想获得病愈的结果，顾客给汽车加油是想获得汽车能正常行驶的结果等。从这个层面上来讲，企业营销的目的不仅是向顾客提供优质的产品和服务，更重要的是**为顾客提供解决方案，使其面临的问题得到有效解决**。

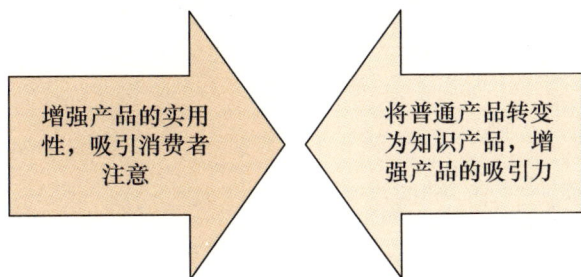

增强产品的实用性，吸引消费者注意

将普通产品转变为知识产品，增强产品的吸引力

图 2-1　创新产品策略

（2）将普通产品转变为知识产品，增强产品的吸引力

在普通产品中添加民族、流行、文化、精神等要素，将其转变为知识产品。在某些情况下，消费者购买的商品不一定是实用性物品，而是一种能迎合其心理需求的心理商品。由于用户不同，不同的产品或同一种产品所拥有的价值与用途也不同。顾客秉持着解决实际问题的目的来购买产品，其最终目的是获取有效的解决方案。在这种情况下，同一种问题会出现多种解决方案，同一种解决方案又会以不同的方式和风格帮助不同的消费群体解决问题。

相比普通产品，极具个性的知识产品更能吸引受众的注意。以曲阜老酒为例，这款酒的质量没有任何问题，但销售情况非常不好。后来，厂家将其更名为"孔府家酒"，并配以古朴典雅的包装，赋予其人文情怀，使其深受消费者欢迎，销售情况也逐渐好转。事实上，酒本身没有更换，更换的只是名字和包装，市场就发生了很大的变化。由此可见，知识产品对消费者的吸引力远远大于普通产品。

◆ **改善服务管理**（图 2-2）

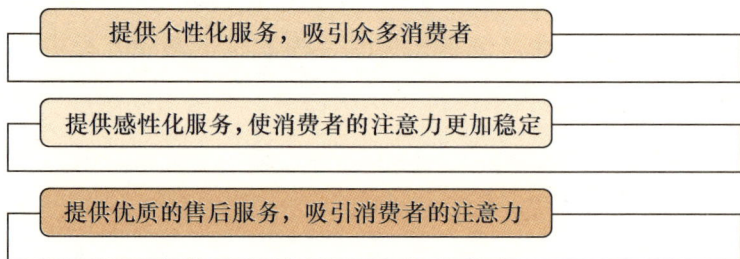

图 2-2　改善服务管理

（1）提供个性化服务，吸引众多消费者

从表面上看，个性化的服务会导致企业成本增加。但从实际情况来看，随着 IT 技术的迅猛发展，无论企业的个性化产品及不同需求的客户规模多么庞大，在各种数据库（客户数据库、产品数据库等）及网络的共同作用下，这些问题总能得到有效解决。

个性化的服务能增强不同消费者对产品或服务的满意度，使其服务的影响力大幅扩大。例如，在各种餐饮服务中，自助餐总是备受欢迎。总而言之，个性化服务所产生的益处非常多，所吸引的消费者数量也更多。

（2）提供感性化服务，使消费者的注意力更加稳定

信息社会越发达，人的孤独感就越强烈。人是感情动物，不仅有物质需求，还有情感需求，而且这两种需求没有孰轻孰重之分。

随着社会的发展，人们的消费观念已开始从理性消费向情感消费过渡，最突出的特点就是相较于物质满足来说，消费者更追求心灵上的满足。

以麦当劳为例，很多消费者喜欢去麦当劳消费，不仅因为它能提供美味的食物，还因为它所构建的就餐氛围迎合了广大消费者的心理需求，让消费者感受到情感上的愉悦，增进了消费者与麦当劳之间的情感，提升了消费者对麦当劳的忠诚度。由此可见，企业为消费者提供感性化的服务，能有效增强消费者的稳定度。

（3）提供优质的售后服务，吸引消费者的注意力

优质的售后服务能增强产品在消费者心目中的印象，即便产品在使用的过程中出现些许问题，也不会引发消费者的不满。

企业为消费者提供优质的售后服务的方法有很多，如在顾客购买产品之后附上一份详细的产品使用说明；在产品出现问题之后及时帮用户解决问题，并向用户致以真诚的歉意，或者为用户奉上一笔实在的补偿等。这些售后服务能激发顾客对企业的好感，不仅能锁定顾客的注意力，还能吸引顾客更多的注意力。由此可见，优质的售后服务是吸引消费者注意力的最大利器。

2.1.2　策略二：重塑品牌价值，提升企业形象

◆ 重塑品牌价值（图 2-3）

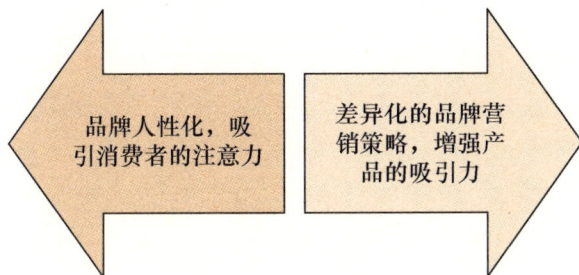

图 2-3　重塑品牌价值

（1）品牌人性化，吸引消费者的注意力

品牌人性化指的是将人的特点附加到品牌中。人性化的品牌能增强目标顾客的认同感，进而与顾客构建友好的关系。随着市场竞争愈发激烈，仅研究企业或品牌形象难以为其提供品牌定位信息。如果某生产、经营厨房用品的企业能将其形象塑造成一位和蔼可亲的老奶奶，并让受众接受这一形象设定，就能成功地吸引消费者的注意力，就是一个成功的品牌。

从本质上来说，注意力经济体现的就是人性关怀。一方面，注意力经

济从个人注意力的角度切入，对用户有效地使用注意力、提升生活质量的方法进行分析；另一方面，对生产厂家与商家关心、理解个人消费意愿的方法进行分析，进而对社会注意力的分布情况进行解析，从而做出与社会需求相契合的生产决策。

以此为基础，人性化的品牌有可能顺应社会发展潮流，非人性化的品牌则有可能落后，甚至被淘汰。人性化品牌的典型代表有可口可乐、娃哈哈、海尔等品牌。品牌的人性化程度越高，就越能吸引消费者的注意力，就越能被消费者传播出去。

（2）差异化的品牌营销策略，增强产品的吸引力

随着产品的同质化现象越来越严重，企业要想吸引消费者的注意力，就必须打造差异化的产品。简单来说，差异化就是与众不同、独一无二、独树一帜。差异化的品牌营销策略让产品的种种优势凸显出来，使产品更能吸引消费者的注意。打造差异化品牌营销策略的方法有很多，**从产品包装、产品价格、产品文化理念等角度切入能找到打造差异化品牌营销策略的方法。**

以王老吉为例，它不仅做到了功能创新，还做到了品牌创新。一般来说，饮料的功能就是解渴，但王老吉在解渴之外还添加了一个新功能——预防上火，从而做到了功能创新。作为第一款能够预防上火的饮料，王老吉的上市刷新了人们对饮料的认知，受到了众多消费者的喜爱。

随着市场竞争愈发激烈，不仅消费者在变化，竞争对手也在变化。品牌的差异化竞争优势非常容易被人模仿，所以企业必须不断创新、改变，保持差异化竞争优势。

◆ 提升企业形象（图 2-4）

（1）构建企业形象，增强企业的吸引力

企业形象指的是社会对企业的认识与评价。这种认识与评价具有整体性、概括性、抽象性的特点，在广度与深度上有很大的区别。其中，**广度指的是知名度，它能影响吸引大众注意力的数量；深度指的是美誉度，它**

能影响吸引大众注意力的稳定度。

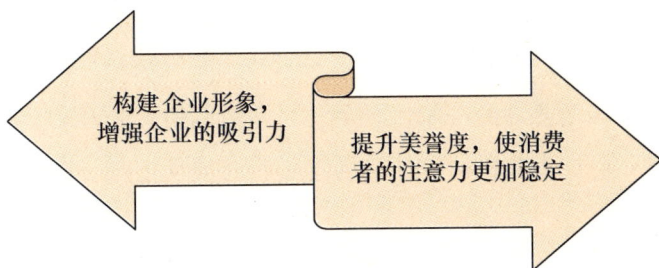

图 2-4　提升企业形象

　　随着信息社会的发展，知识的传播范围越来越广，利用率越来越高，传统的市场竞争手段所发挥的作用越来越弱。在消费者眼中，海尔冰箱与美的冰箱、麦当劳与肯德基没有什么不同；企业生产的产品逐渐趋同，失去了独特性与差异性的特点。从获取大众的注意力这一角度来看，企业竞争就是企业形象的竞争。所以，构建良好的企业形象，能有效提升企业的吸引力，获取更多消费者的注意力。

　　（2）提升美誉度，使消费者的注意力更加稳定

　　企业要想提升自己的美誉度，就必须从内部着手，增强自己的内部修养。以海尔集团为例，该集团凭借浓厚的环保意识与优质的环保产品率先通过了 ISO14000 认证，从而构建起绿色企业的形象，使品牌的美誉度大幅提升，为其在国际市场上赢得了良好的声誉。

　　再如，新飞绿色冰箱也以清洁、省电的特性赢得了广大消费者的好感，给消费者留下了深刻的品牌印象。由此可见，随着企业美誉度的提升，消费者的注意力更加稳定。

2.1.3　策略三：优化分销渠道，创新促销手段

◆ 优化分销渠道

　　商品要想从生产者手中流通到消费者手中，渠道必不可少，其主要作用就是让消费者能随时随地地买到他们需要的产品，为消费者购物提供各

种便利，如时间上的便利、地点上的便利、品种上的便利等。

很多顾客希望能随时随地买到所需商品，如果足不出户就能收到所需商品则更佳；同时，顾客还希望商店中的商品能保持多样性，以便充分利用其选择权。在注意力经济时代，企业必须对网络即时互动、跨越时空的特点进行充分利用，将渠道的便利性这一特点展现出来，以吸引更多消费者的注意。

（1）开设"网店"，方便消费者购物

首先，消费者追求购物的时间效用。借助网络，这一效用能达到最大化。因为借助网络，企业能为顾客提供 24 小时在线服务，顾客能随时随地在线与企业交流，获取企业的帮助，与企业达成交易。另外，在商品交易结束之后，企业还能根据顾客的位置安排距离顾客最近的仓库发货，在最短的时间内将商品交到顾客手中。

其次，消费者追求地点效用。借助网络，这一效用能达到极限。消费者足不出户就能购买商品，还能享受到送货到家的服务，最大限度地突破了空间限制。

最后，消费者追求品种效用。网络可以汇聚四面八方的商品，网上商城的产品种类会越来越多，消费者的选择空间也会越来越大。另外，借助网络，消费者进行货比三家也更加方便，只需轻点鼠标或者轻触屏幕即可，所耗费的时间成本及精力成本将大幅减少。

（2）优化实体店的设置位置，吸引消费者的注意力

在交通便利、人流量大的位置设置实体商店，不仅能方便消费者购物，还能吸引行人的注意力，拓宽宣传的广度。**人流量越大，产品的销售机会就越多，产品与消费者接触的机会也就越多，就越能吸引消费者的注意力。**

例如，在城市的繁华地段，某个知名商场会成为路标。打车的时候，顾客会将商场作为目的地来为司机指路。由此可见，在交通便利、人流量大的位置设置实体商店，能有效吸引消费者的注意力。

◆ 创新促销手段

（1）换位思考，吸引消费者的注意力

在传统的产品促销活动中，常用的促销手段主要有广告、营业推广、人员推销等。其中，广告推销的逻辑是"宣传能改变消费者的选择"。企业向消费者传播大量的信息，希望以这种方式强化其在消费者心中的印象，完全不考虑消费者是否需要。虽然这种方式能在某种程度上提升品牌的知名度，但也会使品牌的美誉度受损。由此可见，单向发布广告的效果总是差强人意。

人员推销的逻辑是"无论消费者是否需要，推销人员能借助推销技巧说服他们购买产品"。在推销人员有技巧的劝说下，消费者可能会购买产品，但如果消费者没有这方面的需求，事后就会对推销人员、产品乃至企业产生反感情绪。对于企业来说，消费者的这种反感情绪不利于其长远发展。

营业推广的逻辑是"企业的利益诱惑能征服所有的顾客"。营业推广的方法主要有打折促销、有奖销售、买一送一、免费试用、免费品尝等。一开始，受这些小利小惠的影响，顾客可能会购买相关产品，但长此以往，这种方法终将失去效用。

由此可见，企业要想长远地吸引顾客的注意力，必须学会换位思考，从顾客的需求出发，切实满足顾客需求。

（2）专设顾客沟通部门，提升产品的吸引力

在注意力经济时代，吸引顾客的注意力不是企业的唯一目标，还要想方设法地维持顾客的注意力而这一目标仅通过单向的沟通手段是难以实现的。所以，企业要设置专门的顾客沟通部门，借助网络与顾客实现双向沟通，这样，在沟通的过程中顾客与企业既能发出信息又能接受信息，能更加有效地吸引顾客的注意力。

2.1.4 策略四：4个步骤实现企业品牌人格化

在移动互联网时代，品牌在塑造形象时应当谨慎。在消费者心中，相

比企业的自主宣传，同行或者陌生人对企业与品牌的评价更加真实可信。所以，如果某家企业有一些隐晦难言、不能见光之事，这家企业将面临巨大的潜在危机。

在这个时代，那些成功的品牌是熟知受众的各种消费心理（如恐惧心理、欲望心理等）并能够被受众深入了解的品牌。其中的代表品牌有红牛、德芙等，这些品牌能够紧抓当下受众的消费心理，并采取有效的方法与受众进行沟通、交流。

总而言之，在注意力经济时代，要想做好人格化的品牌，关键要做到 4 个关键点如图 2-5 所示。

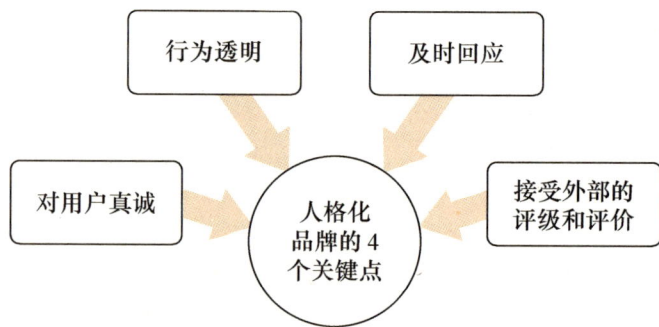

图 2-5　人格化品牌的 4 个关键点

◆ 对用户真诚

在注意力经济时代，有些交易涉及金钱，有些交易则与金钱无关。在这种情况下，企业最应该做的事情就是利用自身的弱点来换取受众的注意力。在这里，**企业弱点就是注意力经济的货币**。企业坦率地将其产品的优点与缺点告知用户，或许会取得意想不到的效果。

◆ 行为透明

评价企业是否真诚的一大关键要素就是企业行为是否透明。如果"真诚"指出了企业与受众沟通的方式，那么"透明"则点明了沟通的深度与沟通的内容。因此，企业应在社交网站上保持一定的活跃度与透明度，增强受众对自己的了解。

◆ 及时回应

据调查，在 facebook 的用户群体中，有 42% 的用户希望企业能在 1 小时之内回应他们的问题，32% 的用户希望企业能在半小时内回应他们的问题。尽管对于企业来说这种回复速度是一大挑战，但如果企业能够做到，将获得巨大的回报。

据统计，在与企业互动率高的消费者群体中，56% 的消费者增进了与企业的关系；50% 的消费者更愿意购买那些能随时联系到客服的产品；71% 的消费者会在收到企业快速的回应之后向他人推荐这个品牌。

事实上，在所有的市场营销手段中，没有比及时帮助顾客解决问题更有效的手段了。

◆ 接受外部的评级和评价

对于社交媒体来说，如何与用户互动以及与用户互动的效果是其关注的重点，购买机会并不在其关注的范畴。任何一家企业都无法避免被人谈论，即便这家企业采取各种手段来维护企业的网络声誉。事实上，对于企业来说，维护声誉的最好方法就是有策略的进攻。如果企业能在运营过程中遵守前 3 条原则，它遭受外来攻击的概率将会大幅下降。当公司在运营过程中遭遇危机时，必须坦然接受外部的评价。

有研究表明，他人推荐的商品被消费者接受的概率为 92%，即便这个推荐者对于消费者来说是陌生人。

随着社交媒体、注意力经济、利基市场营销的兴起，大众市场正在逐渐朝个人与增值传播转变。未来几年，这种转变趋势将更加明显，将有越来越多的品牌朝"人"的声音与沟通风格趋近。但目前这种转变仍处于起步阶段。

另外，那些通晓"人格化"运作的品牌将更能吸引广大用户的注意力，而那些落伍的品牌与产品将逐渐消失。现阶段，品牌人格化是一个新名词，较为罕见。但以长远的目光来看，人格化将升级为一种新准则来对优秀品牌传播进行定义。

2.2 网红营销：将粉丝的注意力转化为购买力

2.2.1 网红经济：从注意力到影响力的蜕变

近年来，随着互联网的发展，借助互联网走红的草根群体的规模日益扩大。从 2004 年的芙蓉姐姐，到后来的凤姐、天仙妹妹，再到最近备受关注的 papi 酱、雪梨等，网红的出现已经从一种偶然现象转变为一种频发事件。

对于当前的经济发展形势，赫伯特·西蒙曾做过预测，他认为，**随着信息的发展，信息的价值将逐渐下降，注意力的价值将逐渐提升**。IT 行业和管理界用一个名词对这一观点做了精准描述，这个名词就是"注意力经济"。

"网红"是"网络红人"的简称，是指在生活中因某件事广受网民关注而走红、成名的人。这类人群走红有一个共同的特点，就是在网络作用下，他们身上的某种特质被无限放大，这种特质非常符合网民的审美、审丑、窥探、嘲讽、臆想等心理，在不经意间受到网民的追捧而走红，成为网络红人。

如今，网络红人出现的领域无限延伸，音乐领域、游戏领域、文学领域、传统艺术领域甚至创业领域都出现了网红。在这种形势下，网红的范畴也无限延伸，冲破了 1.0 时代认定的网络红人的范畴。1.0 时代的网红，粉丝碎片化，变现渠道不顺畅。自进入 2.0 时代以来，微博、淘宝、微信、直播等平台汇聚了大量的粉丝，变现渠道日益多元化。

现在，不自觉地拿出手机，打开微博、微信刷新，已成为现代人的通病。随着移动互联网的发展，时间愈发碎片化；日益普及的智能手机让碎片化的时间得到了充分利用，同时智能手机也吸引了人们越来越多的注意力。但是，在信息大爆炸时代，人们的注意力被逐渐分散。对于网红来说，如何有效地获取关注度成为其面临的关键问题。

网络社交时代的信息载体从文字发展到声音、图像，再到短视频，载体的变化使其优势不断明显。视频所具备的特征非常多，如具有较强的感染力，具有多元化的内容与形式，具有较强的创意性与互联网营销优势：**互动性强、能够主动传播、传播速度较快、传播成本低等**。

在现阶段，随着移动互联网的发展，微信、直播平台、短视频平台的发展速度与发展潜力正在超越微博，小咖秀、唱吧、美拍等一系列视频社交平台逐渐崛起，成为网红批量生产基地。在直播、短视频的带动下，网红经济逐渐产生并发展，papi 酱、雪梨等在社交平台上成长起来的网红，在积聚粉丝与人气的同时，也为社交平台带来了巨大的流量。

虽然社交平台的出现降低了网红走红的门槛，但人们的注意力也开始不断转移。举例来说，在凤姐、芙蓉姐姐走红的时代，这个话题被人们讨论了很长时间。但在当今时代，信息过剩，注意力就是金钱，网红火爆只能成为瞬时现象，人们的注意力在不断转移，很难有一个网红能长久地吸引人们的注意。信息爆炸影响了人们对网红的认知，对网红来说是一个巨大的考验。

虽然网红群体的规模日渐庞大，但真正火爆的网红只有为数不多的几个，后来者多靠恶俗的手段获取人们的关注。当今时代是信息大爆炸的时代，企业要想搞好营销，必须汇聚消费者的注意力，网红走红也是如此。为了获取观众的注意力，很多网红大打擦边球，但事实证明这种行为并不可取。

对于网红来说，吸引观众一时的注意非常简单，但是要持续吸引观众的注意力则非常困难。所以，**网红在走红之后，必须异常注重个人品牌的打造，尽快升级自己的品牌与口碑来构建核心竞争力，以持续吸引观众的注意力。**

如今，网红的价值产业链已初具规模，涉及各种社交平台、网红、网红经纪公司、电商变现平台等。其中网红培训机构打着"草根变网红"的口号激发了草根群体跻身网红群体的欲望，至于包装与培训大多靠事件营销。现在，网红不仅关注如何走红，还关注如何实现经济效益的同步推进。在资本与利益的追捧下，网红已成为下一个风口。

2.2.2 营销进阶：企业网红营销的实战技巧

如今，网红营销正作为营销策略的一种，被越来越多的企业所采用。尽管很多专业品牌活动实践了网红营销方式，但对于网红营销在品牌营销过程中发挥的作用，以及提升企业营销的价值，通常被忽略了。

对产品营销人员来说，网红营销能够提高用户的参与度，在此基础上促使更多的用户安装自己的应用程序，并进行登录与注册，关注自身品牌的内容发布，直至达成交易。如果企业希望通过网红营销推动自身的发展，应该从以下几个方面来考虑，如图 2-6 所示。

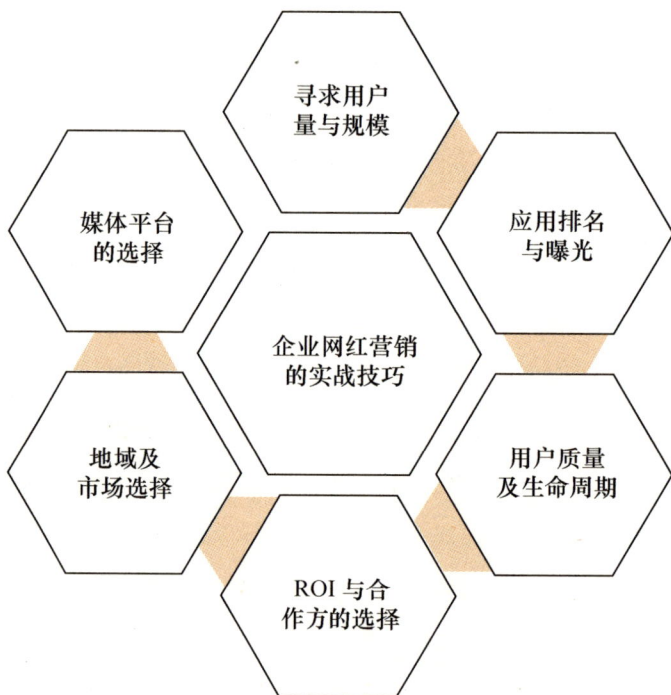

图 2-6　企业网红营销的实战技巧

◆ 寻求用户量与规模

价值含量高的网红通常能够获得大规模粉丝用户的认可。举例来说，活跃于 YouTube 的游戏评论者 PewDiePie 拥有 4000 万以上的粉丝关注及支持。有时候，除了传统广告产生的应用排名之外，网红营销促成的应用下载及浏览规模，能超过其他任何一种营销方式。由于市场及其他因素的影响，通常情况下，传统广告的成本远远超过网红营销模式。

◆ 应用排名与曝光

为了实现成本控制，许多广告主会选择与一些质量不高的媒体平台合作，或通过激励营销吸引用户关注。不过，相比自然安装，传统推广方式里的付费安装很难造就产品的独立价值。

值得关注的一点是，网红营销能够带来与传统推广方式同样的价值。网红可以采用直播等营销方式向其目标受众进行信息推荐；不仅如此，还能大大降低广告主的成本消耗，仅需原来 1/2 的成本就能达到同样的效果。

此外，无论是哪种形式的单独下载，即便其排名居第一位，品牌方能够获得的效益仍不及网红营销活动。除网站访问量及页面点赞量出现增加之外，包括粉丝贴吧、网络论坛、社交平台等在内的用户独立产出的内容，能说明网红营销在用户基础的形成及维护方面的价值。

◆ 用户质量及生命周期

同样的应用，相比付费安装，用户自然安装的价值可达前者的 3～4 倍。为把握目标受众关注何种类型的广告内容，网红营销会与社群领袖进行交流沟通，并在此基础上进行内容生产与输出。通过数据分析不难发现，网红可以对客户的终身价值（LTV）进行挖掘，并促进其对广告主应用的下载与注册，而且网红营销实现的客户终身价值通常要超出其他形式的营销活动。

◆ ROI 与合作方的选择

ROI 即投资回报率（Return On Investment）。为了增加广告主参与网红营销的获益成果，需要与符合自身推广需求并具备较高影响力的网红进行合作。但在具体实施过程中，很难精确评估网红本身的影响力与转化效果。目前，有些网红营销解决方案的提供商、网红管理机构、网红对接平台能够对网红营销的推广效果进行评估，这些参与主体还与大部分媒介平台实现了对接。然而，对于那些企图在实现成本控制的基础上进行用户价值深挖的广告主来说，要继续推行以往价值含量较高的广告活动，就需要对前期的成本预算进行调整，保证推广活动能够获得足够的资金支持。

部分企业在营销过程中十分关注每次安装付费（CPI）与网络广告的每回应成本（CPR）。在实施网红营销的过程中，企业的通用指标也能起到参考作用。但目前存在于市场的很多营销方案中，大部分采用效果付费模式的营销活动仍然十分注重关键绩效指标。也就是说，为了降低自身承担的风险，广告主十分看重 CPI、CPR 的参考作用，并致力于达到最低消费保证水平。再者，如果网红选择不得当，也容易使用户规模及用户质量达不到预期水平。网红的价值与其粉丝数量之间没有必然的联系，粉丝数量庞大也不代表用户的参与度就保持在高水平。

◆ 地域及市场选择

市场分析与研究应放在前期阶段。若合作广告是影响最终效果的主导因素，从理论层面上来分析，其在关键二线市场与三线市场的发展空间更为广阔。由于成本有限，第一次尝试网红营销也就无须承担太大的风险。另外，在社交网红活动中，语言因素在区域划分中发挥决定性作用，在营销过程中需借助语言的力量扩大推广范围。举例来说，某墨西哥网红用西班牙语进行直播，除了能在墨西哥当地获取粉丝用户之外，其影响还可覆盖至西班牙与拉丁美洲的部分地区。

◆ 媒体平台的选择

选择合适的媒体平台也十分关键。在欧美国家，有些网红以 YouTube

为内容输出平台，有的则在 Twitter 上进行信息发布，但两者的曝光度是存在区别的。在 YouTube 发布的内容，形式多为视频或直播，更容易吸引用户的关注。与其不同的是，上传到 Twitter 的图文信息很难突破其原有的局限性，相比视频及直播形式，图文信息难以调动用户参与的积极性；且包含的信息量十分有限，不容易获得用户的集中关注；再者，信息在用户界面停留的时间非常短暂。由此可见，相较于 Twitter，**经 YouTube 输出的内容价值含量更高，持续时间更长，更能保证早期信息推广的影响力。而 Twitter 更适合用于价值扩散**。通常情况下，广告主对 Twitter 的关注度要远远低于 YouTube。

不过也有例外的情况，如拥有实力基础的大型企业，可分拨出数百万美元的成本用于品牌推广，联合世界范围内的知名人物（如 NBA 球星）通过 Twitter 举办品牌营销活动，其效果当另行别论。但回到现实，大部分广告主是无法达到这个水平的。

综上所述，广告主若采用网红营销进行市场拓展，应该关注此类营销方式的最终效果。在具体实施期间，可将用户参与度、品牌利益获取及交易规模等作为重要的衡量指标。

2.2.3　绩效评估：网红营销如何实现精准化

对网红营销有足够了解的人银清楚，要想确切衡量网红的营销绩效是有很大难度的。网红营销领域包含许多复杂因素，不少网红从最初没有丝毫名气，到后来能够独立进行内容生产并在营销中体现出较强的竞争力；部分积累了众多粉丝用户的网红还能推出自己的玩法并要求其他参与者遵守。这些因素使网红的绩效评估难以做到精确。

不过，要衡量网红营销的绩效也并非完全没有办法。从另一个角度来说，**广告主必须在衡量网红营销绩效的基础上才能在资金分配方面做出合理的安排**。

为了更科学地评估网红营销的绩效，广告主应该避免将粉丝规模作为唯一的衡量标准，多加关注网红营销的受众目标、与自身营销相符的合作伙伴，从而提高绩效评估的客观性及有效性，如图 2-7 所示。

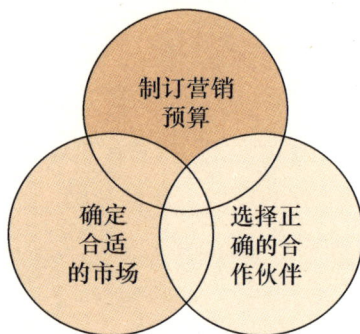

图 2-7　网红营销绩效评估的 3 个方面

◆ **制订营销预算**

现阶段，网红营销网络、网红营销平台与网红营销代理机构是网红营销的主要参与者。它们的共性在于，比较看重网红的粉丝数量，除此之外很少关注其他方面的合作价值。然而，经过对网红粉丝规模发展趋势的分析，可以得出这样的结论：**在粉丝数量增加到某个阶段时，用户的参与度及参与的积极性会有不同程度的下降。**

下面通过实例论证法对网红绩效进行具体分析。

同样是在 YouTube 上活跃的网红，A 的粉丝规模达 300 万，广告主要通过网红 A 进行信息推广，其成本支出在 35000 美元左右；网红 B 的粉丝规模为 50 万，其输出的内容类型和受众群体与网红 A 相差不大，广告主联合网红 B 的成本支出大约为 35000 美元。尽管网红 A 的粉丝规模远远超出网红 B，但其推广视频的关注度与网红 B 的十分接近。

之所以会出现这样的结果，是因为推广类视频有时无法引起用户的关注，粉丝参与的积极性也并不高。因此，频道中的视频平均流量往往要超出推广类视频。在某些情况下，推广类视频的浏览量只能达到频道视频的三成。

　　按照传统思维模式，广告主会认为，网红 A 的合作价值更高；而网红 B 则门可罗雀，难以得到广告主的认可。所以，与网红 A 相比，网红 B 在进行内容输出的过程中不会掺杂大量的广告，在这种情况下，网红 A 粉丝的参与度要远低于网红 B。以广告绩效为衡量标准的话，相比网红 A，网红 B 的合作价值更高。

◆ 选择正确的合作伙伴

　　有些商家与网红合作的目的是找到适合自己的网红营销方案，有些商家则是为了进行信息推广。在具体营销运营过程中，他们需要认识到网红管理的价值。

　　但要找到与品牌营销计划相符的网红是有难度的，因为网红独立进行内容生产，不同于其他形式的广告载体。要想保证广告内容与自身的期待相符，需注重以下两点：**一是与内容属性一致的网红合作；二是提前就转化方式与网红达成一致，具体形式如用户行为号召、语言推广等。**

　　如果忽视了上述两点，就无法将传统渠道的改进方案应用到网红营销活动中。若将网红营销的流程管理工作交由广告主来承担，则需要进行持续性的完善，付出大量的资源、时间及精力成本。由于网红营销解决方案的提供商比较擅长管理事宜，广告主更倾向于同这些平台联手运营。

　　在世界范围内，网红营销解决方案提供商的总体规模超过 500 家，但其提供的解决方案具有明显的相似性。除了进行品牌相关分析之外，大多数平台并不承担网红营销转化率控制及深度分析工作。

　　多数网红营销解决方案的提供商聚焦于帮助广告主寻找合适的网红，并强调自己在品牌分析方面的能力，但很少关注网红营销的绩效评估。然而，广告主需要做好营销方面的成本控制工作，因此只有在把握网红营销绩效的前提下，才能充分利用优势资源进行宣传推广。

◆ **确定合适的市场**

如果能够进行精确的市场定位，就能借助营销合作伙伴的力量进行更为有效的宣传。考虑到各个地区存在文化、地理等方面的差异，在各地实施的信息推广也存在投入回报率上的明显差异。

广告主应该站在更高的角度分析这类问题。例如，部分具有明显工具属性的应用同时在西班牙及拉美地区进行推广，但拉美地区的广告投入回报率明显高于西班牙。因此，广告主应该对各个地区的整体市场情况有所把握，在充分了解自身产品的基础上，分析各地广告投放效果存在差别的原因，进而做出相应的调整。

运营方还需明确，西方发达国家、俄罗斯、韩国等国家的市场环境与国内存在很大区别。相比较而言，facebook、Twitter 及 YouTube 在欧美地区的应用比较普遍，Odnoklassniki 在俄罗斯更受欢迎，Afreeka TV 则在韩国家喻户晓。

另外，不同地区的用户在内容消费方式上有各自的特点，这给广告主与各地网红的交流沟通带来了更多阻力。

现阶段，仍有不少实力型品牌选择通过网红营销方式进行宣传推广，旨在通过广告投放提高自身品牌的知名度。如今，广告技术水平日益提高，广告主希望通过网红营销取得更好的效果。

不过，上文已经分析过，要精确衡量网红营销的绩效并不容易，因为在网红营销的过程中不存在明确的信息推荐环节，就无法获得有效的参考数据。因此，广告主既无法追踪网红营销的绩效，也不能进行针对性的分析，据此改善营销过程中的不足之处。

需要特别关注的一点是，**在数字时代，绩效决定一切**。如果在选择网红时只关注其粉丝规模，不仅可能达不到预期的营销效果，还可能有损企业的品牌形象。很多实力型企业经过近十年的探索与总结，从最初聚焦于对外宣传，到更加关注品牌的打造与推广，后来又将绩效控制作为重点。由此可以推测，绩效因素将在网红营销中占据更加重要的地位。

2.3　内容营销：给消费者带来全新的营销体验

2.3.1　内容植入：品牌与内容的共生传播

品牌内容营销是指品牌以内容为载体进行传播，其基本原理是由于内容产品具有娱乐化的特性，受众能被这种特性所吸引。将品牌放入内容平台，能让受众在享受内容带来的愉悦感的同时接收到品牌信息，对品牌进行深入了解。

关于将品牌植入内容平台的方式，有人从声音与视觉的角度对其进行分类；有人根据操作手段，如情节、道具等对其进行分类；还有人根据媒介的渠道类型进行分类。但以全局观对内容营销的发展进行分析可以发现，**消费者借助内容产品接收品牌信息。至于品牌传播能否到位，关键在于内容产品本身质量的好坏。**

除内容产品本身的质量之外，影响品牌传播效果的关键要素还有品牌与内容产品的结合程度。内容平台所提供的内容具有娱乐性，品牌植入则具有商业性。随着这两者之间关系的变化，品牌和内容载体之间的关系也变得令人捉摸不透，有的非常紧密，有的则会保持一定的距离；二者之间关系的远近也会产生不同的效用。以品牌与内容产品之间的关系为依据，不仅能对内容产品与品牌传播进行分类，还能对这种效用加以明晰。

在现实生活中，能传递品牌信息的内容平台很多，电视剧、综艺节目、电影、体育赛事等平台都可以。但因品牌产品的类型不同、内涵有异，不是所有的内容平台都能得到充分利用。品牌如果没有完全植入内容载体，这种品牌与内容平台之间的关系可形容为若即若离、边缘依附。这种简单植入方式的典型就是软广告。在某个节目中打出某个品牌标志，品牌内涵和特征与节目内容毫无关系。最常用的方法就是赞助、冠名等，如 999 感冒灵冠名的《爸爸去哪儿》、vivo 手机冠名的《快乐大本营》等。在这种营销方式下，品牌标志仅以声音或者图文的形式出现在节目的边缘位置；即便没有这些品牌信息，节目内容的呈现与传播也不会受到丝毫影响。

借助这种方式，品牌传达效果的好坏在很大程度上取决于节目内容的知名度与传播广度，节目的知名度高，品牌的知名度就能顺带提高。因此，无论采用何种植入方式，**要尽量使品牌特性与节目内容的气质趋同，要保证品牌的目标消费群体与内容载体受众之间存在某种共性，保证植入某内容平台的品牌信息能传达给合适的受众知晓。**例如，某儿童用品品牌要将品牌信息植入某知名度较高的儿童节目中，而不能将其植入某体育比赛中。

> 以呈现国内外时尚资源、点评世界时尚、展现现代人穿衣方式与穿衣原则的节目《时尚装苑》备受都市女性观众的喜爱。而冠名该节目的恒信 I Do 系列钻石面向的目标消费群体正是这些追求时尚的都市女性，所以，凡是收看过该节目的观众对 I Do 品牌并不陌生，即使这个品牌甚少直接在节目中出现，但受认知一致性的影响，该品牌依然得到了广泛传播。

近年来，各种具有明显品牌标志的道具纷纷出现在电影、电视剧中，如春节晚会某小品中使用的蒙牛牛奶；电影《天下无贼》中使用的诺基亚手机；电影《碟中谍 4》中的宝马系列豪车等。这种将具有鲜明品牌标志的产品实物放到内容载体中的做法已甚为常见。

采用这种方法植入品牌的优势主要有两点：**第一，能尽量消除受众对品牌的排斥感，借助内容载体本身的故事向受众传达品牌信息；第二，能将内容塑造的人物形象与品牌融合在一起，造成一种明星效应，吸引受众的注意力，引导受众购买。**

以《电子情书》为例，在这部电影中，女主角早上去星巴克喝咖啡，晚上使用苹果电脑，还消费各种品牌，将品牌与单身白领之间的情感依存细致地表现了出来，引发了与女主角一样渴望小资生活的受众的共鸣。她们争相模仿，这些品牌也随之火爆。

将品牌以道具的方式植入内容（如电影、电视剧等）中，当内容播放时，这些品牌信息会被完整地传达给观众，观众只能接受，无法回避。借助这种方式，品牌能够更深入地植入。虽然品牌以道具的方式存在于内容载体中，但是这些作为道具的品牌可以更换、替代，甚至可以被舍弃，而内容的完整性不会因此受到影响。所以，采用这种方式，品牌依然游离于内容载体之外，所取得的传播效果依然有限。

将品牌植入内容载体时，必须保证品牌植入得不着痕迹，否则会使内容的娱乐性深受影响，从而得到适得其反的效果。另外，品牌植入还要对剧情进行充分考虑，如在影片《天下无贼》中，因"开好车的不一定是好人"这句台词给宝马汽车带来了不良影响，宝马汽车支付的广告费也因此打了水漂。

欧米茄手表借助007系列电影名声大噪。在观众心目中，欧米茄手表已成为007系列电影的一部分，不可分割。因为对于特工来说，手表的意义非凡，在影片中的出镜率极高。欧米茄有效地利用了这一机会，将自己手表的优质性能（外观优雅、气质沉稳、走时精准等）展现在银幕上，获得了众多观众的信赖。

2.3.2　相依相存：实现品牌与内容的融合

让品牌与内容载体融为一体，一旦缺乏品牌信息，内容就会变得不完整，这种效果是很多植入式广告的最终追求。品牌与内容相融合，不仅能

在内容传达的过程中利用受众对内容的关注将品牌信息不知不觉地传达出来，还能在潜移默化中给受众带来完整的品牌体验，将具有商业特性的品牌与具有娱乐特性的内容严丝合缝地黏合在一起，使受众对品牌信息的接受度能够大幅提升。

借助这种形式，品牌传达给受众的不仅是单一的品牌信息，还有听觉、视觉等多方位、立体化的信息。在具体应用的过程中，品牌信息的植入方法也有很多，如对白植入、形象植入、情节植入等，这些方法对传达品牌信息非常有利。借助内容传播的全过程，主人公对品牌的情感与使用体验能对受众产生直接影响；如果缺乏品牌，内容的完整性就会深受影响，剧情将无法顺利展开。

这种"融入内容，相依相存"的植入方式不仅有利于品牌的传播，还能降低受众的接受难度。但这种方法也有很多缺点，如需要在内容形成之前就着手准备、操作难度较大，过程较为复杂，周期较长，效果难以预测和把控。

近年来，品牌内容营销在国外十分流行，这种内容营销方式摒弃了传统的将品牌植入内容的做法，邀请广告人立足于品牌宣传为品牌定制内容产品。这些内容产品的范围非常广，包括杂志、书籍、报纸等印刷品；光盘、电子音像、游戏软件等电子出版产品；影视、广播、录像等音像传播产品等。除此之外，一些品牌赞助的兼具娱乐性与新闻效应的活动也是一种备受关注的内容营销。

首先，内容要为品牌服务。编剧要立足于品牌编写内容，在其中设置一些具有娱乐性、能最大限度地吸引观众注意的情节，将其制作成内容产品，以消除观众的抵触心理，让品牌的商业价值得到最好的诠释。

其次，引导品牌内容实现娱乐化。打造一种轻松愉悦的氛围，让受众顺理成章地接受品牌，并与其融合在一起，引导品牌与受众更精准地沟通，使品牌传播效果达到最佳。现在，美国的广告人将目光投向了好莱坞的商业机会，希望能借助这种新型的品牌内容营销方法重新汇聚受众的注意力。

近年来，专门为品牌制造的各种内容层出叠涌，小到几分钟的短片，长达 1 小时的电影或者行业专题片，都站在品牌的角度实现了品牌与内容的融合。

以宝马汽车为例，某个为宝马特制的电影短片将宝马车的驾驶性能淋漓尽致地展现了出来，整个短片的故事情节生动有趣，演员表演精彩到位，得到了广泛传播。具有娱乐特质的内容与商业气息浓厚的品牌融合在一起，使广告与内容营销、娱乐营销之间的界限变得愈发模糊。

近期，IBM 制作了 5 个短小的专题片，并将其刻录在一个光盘上，随一些高端杂志免费赠送给消费者观看。这 5 个短小的专题片包含了美国网球公开赛、基因地理工程等内容，向受众传达一些关于网球、基因工程等方面的知识，其中的背景资料绝对真实，且这些项目有一个共同点：如果失去 IBM 服务器的支持，这些项目无法开展。虽然每个专题片的时间只有 4～8 分钟，但在这么短的时间里，专题片不仅向受众介绍了一些专业知识，还将 IBM 的产品性能传达给受众知晓。

2.3.3 节日营销：借助节日提升销售转化

春节、圣诞节、中秋节、"京东 618""双 11"等各种各样的节日，成了商家进行营销推广的重要时段。在天猫、淘宝、京东等电商平台的推动下，节日营销受到了社会各界的广泛关注。大数据技术的应用，无疑使得广大商家的营销推广变得更为精准、人性化及个性化。

能够针对消费者当前消费需求与购物习惯而实现定制营销的 RTB（Real Time Bidding，实时竞价）广告，在节日营销中爆发出了巨大的能量。对于一家企业而言，要想通过大数据玩转节日营销，首选需要对节日营销的特征有清晰的认识。

近几年，各大企业尤其是电商企业的疯狂造节，使得节日营销已经突破传统节日的范畴。从一些电商企业的运营实践来看，在春节、中秋节等我国传统节日时，它们促销的力度其实相当有限。而到了唯品会"419"、"京东618"、天猫与淘宝的"双11"时，反而进行大规模促销推广。

之所以电商平台会耗费如此之高的成本去创造各种节日，最为关键的就是提升自身的知名度，在消费者心中建立起强大的影响力，如在京东上购买电器、在当当上购买图书等。

一旦电商平台在消费者心中建立了这种影响力，自然会为其引入海量的用户流量，从而带动整个产品销量的大幅度增长。而在非节日时，淘宝、天猫、京东、唯品会等电商平台则主要依靠它们在社交媒体平台、视频网站及直播平台中的固定入口获取流量。

但在信息过载的移动互联网时代，这种入口很难让电商平台在消费者心中形成足够的影响力。因此，电商平台会将节日营销作为其进行营销推广的重要手段。

营销能够取得成功需要找到目标群体、把握一定的时机、选择合适的渠道等。以前，商家在进行节日营销时往往就是进行降价或者打情感牌，但这种方式很容易让商家陷入同质化竞争，不但需要耗费极高的营销成本，而且很难取得预期效果。而应用大数据技术后，企业能够对目标群体进行精准定位，制订出个性化的营销解决方案，从而有效帮助商家降低营销成本，提升转化率。

和传统的营销方式相比，节日营销具有三大特征。

第一，需要预热并造势。很多电商企业在节日来临前的一周就开始预热。

第二，具有极高的话题性。仅用简单的降价促销或者品牌推广已经很难影响消费决策，商家需要积极借助当下的时事热点对产品及品牌进行推广。

第三，避免扎堆。RTB广告的崛起，使得针对细分群体进行的定制营销取代了传统的广泛撒网式的营销推广，各个领域的商家借助用户数据分析工具，定位自己的目标群体，并找到这些群体购物的时间，从而实施个性化及差异化的定制营销推广。

根据对节日的营销数据进行分析，我们可以得到节日营销数据的一些特征，例如，在节日营销期间，客单价、转化率、品牌的百度指数会明显增长。通常来说，展示类广告的转化率可以达到普通时间的 3 ～ 5 倍，客单价的增幅能够达到普通时间段的 1 ～ 2 倍。

在实施节日营销的过程中，由于平台方投入巨大资源，从类似微博、微信等渠道式媒体中转移过来的流量会大幅度增加。对于商家而言，进行节日营销能够使其产品销量获得明显提升，而且能够将那些以前对其产品或品牌有一定程度的认知，但并非是他们的忠实用户的消费者成功转化。

2.3.4　精准受众：大数据时代的节日营销

节日营销对企业整合资源的能力提出了极高的要求，要想在大型的节日营销活动中取得成功，企业应该做到以下 3 个方面。

其一是布局好收口类媒体，常见的这类媒体主要是导航产品与搜索产品。对于一家已经相对成熟的企业来说，收口类媒体是一种获取流量并完成转化的优良渠道。

其二是在促销活动前进行造势，将信息高效、精准、实时地传递给目标群体，并在节日促销期间进一步加大宣传力度。适合向目标群体进行信息告知的渠道主要包括视频网站、社交媒体平台、直播平台等，尤其是近两年微信、微博等社交媒体发展势头十分迅猛，在信息传播方面展现出了惊人的能量，能够很好地帮助商家对产品及品牌进行营销推广。

以唯品会大促为例，企业可以在视频网站优酷土豆与爱奇艺中投放推广信息，通过大数据分析技术，在特定的时段、视频类型中向目标群体进行推广。不过需要注意的是，营销并不提倡过度精细化，因为这会造成营销成本大幅度增长，企业可以尝试去获取那些非热门需求的长尾流量，从而提升投入产出比。

此外，企业还要注意控制向用户进行营销推广的频次，保证用户接收到的推广信息的数量在一定的范围内。这样既能确保在不影响用户体验的前提下使推广信息被用户消化，又避免了企业营销资源的浪费。

存在种子用户的企业在进行节日营销时会拥有巨大的优势，例如，部分企业在进行节日促销前，先邀请种子用户对产品进行体验，并引导他们在朋友圈内分享使用心得，最终演变成为病毒式营销。

其三是借助精准媒体实现目标用户的引流与转化。 由于腾讯、百度、阿里、360等互联网巨头占据了绝大部分流量入口，而且具备对用户数据进行精准分析的能力，企业在进行节日营销时，应该充分利用这些巨头们的精准媒体，从而实现与目标群体的无缝对接。

从实践来看，想要做好节日营销，绝不仅依靠少量的媒体，而是要在符合企业整体营销布局的基础上，对各大媒体及渠道资源进行高度整合。

具体来看，企业进行节日营销，要先对目标群体进行精准定位，在充分分析用户数据的基础上进行定制推广。例如，通过大数据技术分析发现，在夜间22～24点使用视频网站的用户主要是中产阶级的年轻群体，他们对圣诞节、平安夜、情人节等西方节日有较高的认可度，如果企业能够把握这一特征，在相应的时间点进行投放，自然容易提高节日营销转化率。

有实力的企业甚至可以根据用户的使用时间进行分类，全职妈妈群体倾向于观看家庭连续剧、亲子节目、相亲节目，对母亲节与儿童节尤为敏感，考虑到她们容易被促销活动影响消费决策，企业可以尝试结合降价策略吸引其购买产品或服务。

此外，企业主要实现差异化竞争。通过对目标群体的购物行为、生活习惯、社交数据与搜索数据等进行分析，可以精准定位那些存在需求的细分群体；但如今的节日营销，已经受到了企业界的广泛关注，有限的目标群体被各个商家进行轮番营销推广。如果不能实现差异化根本无法吸引消费者驻足，更不用说形成较高的黏性。

传统互联网营销模型和漏斗十分类似，商家向海量的用户群体进行广泛撒网式的营销推广，通过极高的成本形成较高的知名度，接着持续对目标群体施加影响力，从而使部分群体对产品及品牌形成一定的认可，长此以往，最终沉淀出了一小部分忠实用户。

而大数据时代的互联网营销模型，则强调针对某一细分群体开展定制营销，与之建立较强的情感连接，并为其提供超乎预期的服务体验，从而将其培养成为种子用户。接下来利用这些忠实度极高的种子用户进行口碑传播，通过病毒式营销让产品实现大范围的传播推广。

第 3 章

泛娱乐营销：
借助粉丝效应实现营销变现

3.1　娱乐至死：互联网泛娱乐战略下的营销风口

3.1.1　娱乐营销：个性化时代的品牌战略

进入泛娱乐化时代，大众的消费重心已从以往的物质性需求转向精神性、享受性消费。娱乐营销逐渐成为吸引眼球、进行流量变现的营销利器，受到越来越多商家的青睐。麦当劳前总裁甚至这样说："切记，我们不属于餐饮业，我们是娱乐业。"这充分体现了产品中"娱乐"元素的重要性。

蒙牛在 2003 年借势航天事件成功营销后，又在 2005 年通过湖南卫视举办的"超级女声"选秀节目获得了巨大的营销价值。有报道指出，蒙牛酸酸乳产品通过这种新颖的娱乐营销模式，为蒙牛公司贡献了高达 10 亿元的销售收入。

可以预见的是，随着泛娱乐时代进一步发展、成熟，越来越多的消费者将不再满足于简单的物质性、功能性消费，而是希望在消费过程中获得一种心理上的愉悦体验。因此，将更多娱乐化元素融入产品或品牌营销中，已成为新常态下企业营销的必然选择。

在信息迅猛增长、社会生活工作压力不断增大的今天，越来越多的人希望能在消费中获得一种轻松、愉悦的体验。这意味着，消费的内涵和意义已发生转变：**从以往满足人们的物质性、功能性需要转变为休闲娱乐的精神需要，创造一个让人们可以"放纵玩耍"、获取更多精神价值的场域。因此，娱乐化营销时代的到来并非偶然，而是有着坚实的市场需求基础。**

在物质极大丰富、产品同质化竞争愈发严重的大环境下，企业要想更好地实现产品销售，获取更大利润，就必须创新营销形态，通过能够满足消费者深层次、多元化内在需求的营销方式吸引用户眼球，实现销售转化。

从这一角度分析，不论是蒙牛酸酸乳借助"超级女声"进行的产品推广活动，还是环球嘉年华进入中国市场后获得的巨大成功，其根本原因在于精准把握了消费者的娱乐性、精神性心理需求，通过娱乐营销模式为消费者带来了产品之外的价值体验和精神享受，自然也就受到人们的青睐。

单纯的产品很容易出现同质化现象，"娱乐"元素却具有很大的差异化。因此，"娱乐"正成为产品提升自身吸引力、构建差异化竞争优势的重要内容。例如，蒙牛通过与"超女"联姻，将人们喜爱的娱乐因素融入酸酸乳产品中，从而在激烈的市场竞争中脱颖而出，获得了巨大的商业价值。

娱乐营销，就是基于人们日益增长的享受性、娱乐性精神消费需求，在产品或服务中融入更多娱乐元素，通过各种娱乐化的活动形式，实现与消费者的心理交互和情感共鸣，从而提升产品或品牌的知名度、认可度和影响力，最终获得更大的市场效益。

在这个商业环境瞬息万变、消费者注意力快速流动的时代，企业只有及时敏锐地洞察消费者的心理转变和需求偏好，在产品研发、销售、服务等整个价值链流程中合理融入娱乐元素，才有可能借助娱乐营销这一"利器"成功吸引和留存更多的消费者，最终在日益激烈的现代商业竞争中脱颖而出。

同时，互联网成就了一个以人为本、个性张扬的商业时代，市场更加垂直细分,消费需求愈发多元化、个性化。对企业而言,需要转变以往的规模化、标准化思维和模式,注重个性化的长尾市场,基于目标消费者的特质和需求偏好提供多元化、个性化的选择。

正如沃尔夫在《娱乐经济》一书中提到的,个性化是娱乐经济的必然方向,企业在开展娱乐营销活动时必须充分考虑到这一点,根据消费者的不同特质和喜好提供不同的娱乐选择。

泛娱乐化时代下,成功的营销一定是那些精准把握消费者心理感受,在产品、服务和品牌中融入娱乐元素,能为人们带来心理愉悦和快乐体验的营销活动。

3.1.2 内容娱乐化:娱乐营销的主要特点

娱乐营销具有诸多表现形式,电影、电视、广播、杂志、网络、文体活动等任何可以接触目标消费群体并与消费者进行有效交互的娱乐性内容可以成为娱乐营销的舞台。

不同于传统营销形态的严肃、呆板、单向运作、信息交流不畅,娱乐营销具有亲和性、愉悦性和互动性等特质,更容易激发消费者的参与欲望,从而获取更多的用户数据,进行更有针对性和可操作性的营销活动。

具体来看,娱乐营销主要有以下 4 个特点,如图 3-1 所示。

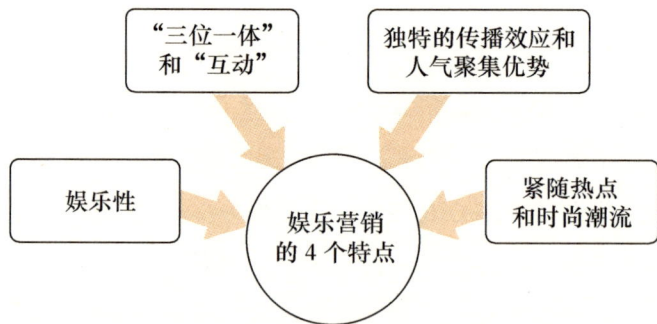

图 3-1 娱乐营销的 4 个特点

◆ **娱乐性**

美国娱乐产业顾问、经济学家米切尔·J.沃尔夫（Michael J. Wolf）在其著作《娱乐经济：传媒力量优化生活》一书中指出，娱乐经济将成为21世纪发展的主导力量。

以"超女"选秀为例，其之所以能够大获成功，根本原因在于借助电视、手机等传媒力量将小范围、单方面的娱乐活动转变成了一场内容丰富且极具互动性的全民娱乐狂欢。与此类似，很多网络小电影能够大受追捧，也是因为融入了广为人知的娱乐元素。

在同质化竞争愈发激烈的背景下，通过在产品中融入娱乐元素的方式建立产品的差异性，从而为消费者提供更多的心理愉悦体验和精神享受，已成为企业成功营销的重要策略。

◆ **"三位一体"和"互动"**

娱乐营销发源于美国，Radiate公司营销网络CEO史蒂夫·格劳斯评价这一营销形态时曾说："这是一种集广告商、媒体、消费者三位于一体的促销。"因此，与传统营销方式相比，"三位一体"和"互动"是娱乐营销的最大特点**即消费者参与到营销活动中，成为娱乐场景的主角，通过互动娱乐获得一种全新的心理愉悦和情感享受，并对产品或品牌形成深刻认知和情感连接，对企业产生更大的兴趣。**

仍以"超女"活动为例。在近一年的活动中，主办方通过"海选""PK"等形式，让广告商、媒体和消费者充分参与进来，不仅为人们提供了一个"想唱就唱"的舞台，还允许观众通过短信这一便捷方式为喜欢的选手投票。这种良好的互动深度激发了大众的参与热情，极大扩散了活动的知名度和影响力。

◆ **独特的传播效应和人气聚焦优势**

娱乐营销的娱乐性、互动性特点也使其在内容传播和人气聚集方面独具优势。以曾经火爆一时的百度网络小电影——《唐伯虎篇》为例。根据当时的一些调查数据，几乎所有的网络搞笑交流中心、视频中心、BI 强论坛以及众多个人博客等有这一广告片的观赏下载；到 2005 年底，不计算邮件、QQ、MSN 等传播渠道，观看并传播该片的人数就已接近 2000 万。

传统的电视、广播、户外媒体、杂志、报纸等平台的广告常常是插播或夹杂在众多其他信息中。与此不同，网络的高度自主性让观众可以不受其他广告信息的干扰，且观看次数也不受限制，如果再结合极具创意的娱乐营销，则获得的传播效果将远高于传统媒体广告。

◆ **紧随热点和时尚潮流**

科学技术的不断发展在为人们带来巨大便利的同时，也增加了人们的日常生活工作压力。这一背景下，人们越来越需要某种方式释放内心的压抑感、紧张感，借助轻松欢快的热点和时尚元素获得某种情感体验和心理满足。因此，娱乐显示出更大魅力，社会也逐渐进入泛娱乐化时代。

娱乐与热点、时尚等元素密不可分，因此娱乐营销也就具有了紧随热点和时尚潮流的特质，甚至很多时候商家会通过刻意制造热点和引导时尚的方式，对产品进行娱乐化的诠释，通过娱乐营销引起人们的情感共鸣和心理认同，最终触发用户的消费行为。

3.1.3 企业实施娱乐营销的五大实战路径

随着泛娱乐时代的到来，娱乐消费市场具有了更大的想象空间。对企业来说，借助娱乐营销不仅可以有效切入极具潜力的娱乐消费市场，还能够通过与娱乐的"联姻"更好地实现产品或服务销售，获得更大的收益。

不过，在开展娱乐营销过程中，企业必须始终准确把握自身定位——**娱乐只是吸引眼球、实现传播的手段，进行产品销售从而获取更多利润才是最终目的**。从国外企业的娱乐营销运作经验和我国的娱乐消费市场状况来看，国内企业可以从以下几个思路出发开展娱乐营销活动，如图 3-2 所示。

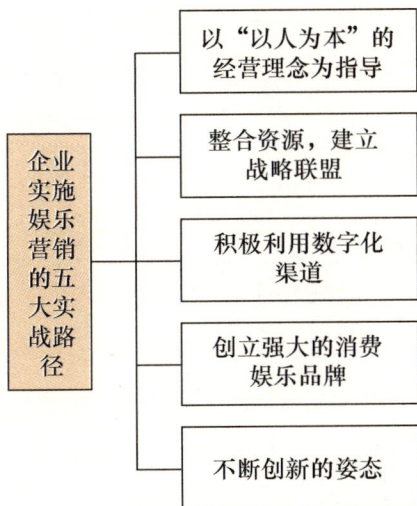

图 3-2　企业实施娱乐营销的五大实战路径

◆ 以 "以人为本" 的经营理念为指导

消费社会是一个 "以人为本" 的商业时代，企业的任何经营活动都必须围绕消费者展开，以满足消费者的需求为宗旨，如此才可能受到消费者青睐，实现利润目标。另外，弗洛伊德理论将人分为本我、自我和超我，认为快乐和幸福才是人们深层次的终极需求。因此，**企业经营也要以人的快乐和幸福需求为导向，精准、深刻地把握消费者特质和需求偏好，并将这些内容充分融入产品研发、销售和服务等价值链的整个流程中。**

虽然多数企业无法直接生产出快乐和幸福，但应该以 "以人为本" 的经营理念为指导，在产品营销中合理融入娱乐化元素，从而让人们在产品消费中获得某种快乐体验。

◆ 整合资源，建立战略联盟

不同于以往 "单打独斗" 的竞争方式，当今时代的商业运作更加注重开放合作、共享共赢。因此，企业应突破 "闭门造车" 的固有思维，以高度开放合作的心态连接、整合上下游各种资源，借助团队的力量既有效降低成本和风险，又获得远超自身体量的影响力和价值。

在进行娱乐营销时，企业要学会利用跨界思维，同文化、体育、影视、传媒等娱乐领域建立广泛的战略联盟，通过资源的优势互补，在产品销售和服务中融入休闲娱乐元素，实现合作共赢。

◆ **积极利用数字化渠道**

一方面，与传统营销方式相比，娱乐营销具有互动性特点，能为消费者带来一种参与感和体验感；另一方面，互动、开放、创新也是蓬勃发展的互联网的重要特质。互联网充分迎合了娱乐营销的互动性、创新性诉求，因此成为企业开展娱乐营销的最佳渠道和载体。

互联网的迅猛发展推动了网民规模的爆发式增长，越来越多的人，特别是青少年群体习惯在互联网上获取信息、进行社交和娱乐。网络与娱乐的融合，为娱乐营销活动提供了一个全新的渠道、平台和创新空间。

一方面，消费者可以通过网络平台直接与服装、饰品设计师或企业研发创意人员进行实时沟通，获取更多的时尚消费动态并表达自己的个性化偏好；另一方面，设计师、研发创意人员也可以通过与消费者的持续深度交互，精准定位用户需求，获得更多创意和设计灵感。

互联网的互动性特质大大拉近了企业／品牌与消费者的距离，有利于提高用户对产品和品牌的认可度与忠诚度。例如，越来越多的文体明星通过微博等新媒体与粉丝进行亲密互动，很多资讯或娱乐类网站也设置了聊天室、心理测验、网络游戏、有奖投票等功能，从而大幅提高了网站访问量和商业收益。

沃尔夫曾指出，任何公司一旦触网，就会在某种程度上转变成"娱乐公司"。可见，随着互联网的进一步发展成熟以及对社会的全方位渗透，互联网平台必然会成为企业开展娱乐营销的最主要场域。

◆ **创立强大的消费娱乐品牌**

互联网商业时代，社会中的消费时尚和流行内容不断更新。对企业来

说，面对市场需求的快速变化，最佳的应对策略是构建自身的核心价值，通过独具魅力的品牌气质牢牢吸引消费者

对企业来说，成功实施娱乐营销的关键是打造一个强大的消费娱乐品牌，借助独特的品牌魅力牢牢黏住消费者。品牌要能充分满足人们深层次的心理与情感诉求，契合消费者的自我观念，能够成为消费者展现自我个性与特质的重要载体。但企业的最终目的是促进销售、获取更多盈利，因此娱乐化元素的引入或打造必须符合企业的品牌气质，不能为娱乐而娱乐。

◆ 不断创新的姿态

在信息过剩的泛娱乐化时代，获取信息和娱乐早已不成问题。因此，企业要想通过娱乐营销成功吸引和留存消费者，就必须及时精准地把握人们快速变化的娱乐消费需求，以不断创新的姿态为消费者持续提供最时尚、最受欢迎的娱乐内容，充分满足人们的消费娱乐心理。

信息的极大丰富和快速更新使注意力成为稀缺资源。这要求营销人员必须精准定位用户消费偏好和娱乐心理，不断创新娱乐方式，通过创造和传递独具风格的内容有效吸引消费者眼球，制造市场轰动效应。而企业要想实现娱乐创新，就必须对社会整体娱乐趋势具有足够的敏感性，能够精准把握时尚潮流，并在娱乐营销中融入最新、最受欢迎的娱乐元素，以此持续吸引用户注意力。

3.1.4　企业实施娱乐营销时应注意的问题

娱乐营销是泛娱乐化时代企业吸引和留存消费者、实现产品或品牌营销推广的利器，能为企业带来巨大的价值想象空间。 然而，娱乐营销却绝非毫无副作用的灵丹妙药，其运作过程也存在诸多风险。企业如果不能有效应对和解决这些问题，就很难获得娱乐营销的巨大价值，甚至"反受其害"。因此，在实施娱乐营销时，企业应注意以下问题，如图 3-3 所示。

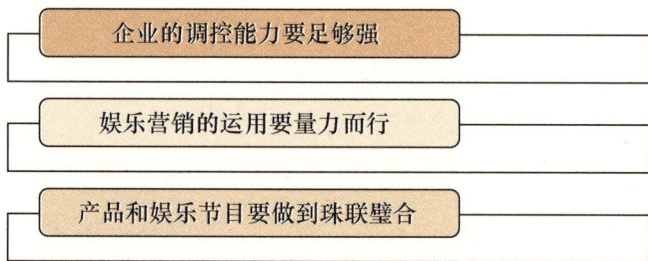

图 3-3　企业实施娱乐营销时应注意的问题

◆ **企业的调控能力要足够强**

娱乐营销的开展会受到诸多易变因素的影响，需要企业具备较强的调控能力。

（1）娱乐营销环境多变

企业在策划娱乐营销活动时必须充分考虑各种可能情况并做好应急方案，从而有效应对多变的环境。例如，邀请明星偶像作为嘉宾到娱乐营销活动现场，可能会出现由于粉丝太多、太狂热而导致现场失控的局面；再如，一些大型娱乐营销项目的策划周期较长，而市场环境却是瞬息万变，因此很可能出现企业正式开展娱乐营销活动时面对的市场环境与此前策划准备阶段的环境已迥然不同。

（2）受众较难把握

人们在影视领域常常能看到这样的现象：一部电影或电视剧，虽然获得了业界的一致认可，口碑很好，却没能对观众形成有效吸引，票房或收视率不佳；而一些口碑较差的影片或电视剧，但由于成功的宣传营销聚集了众多目光，引发观看热潮。

与此类似，娱乐营销的实际效果也并不总是按照预期的方向发展。这涉及为娱乐营销的代言明星是否符合企业或品牌形象，企业选择的时机和传播媒介是否恰当合理等诸多方面。因此，企业在进行娱乐营销时，必须充分全面地考虑营销信息的发送、传播以及目标受众的理解接受等问题，基于营销目标和受众特质选择最佳的开展时机和传播平台，如此才可能获得娱乐营销的巨大价值。

（3）娱乐营销具体项目注意力的持续保持较难，生命周期较短

移动互联时代，用户注意力越来越碎片化、分散化。面对丰富多彩和快速变化的娱乐信息，人们的注意力已很难长久停留在一个地方，这导致娱乐营销项目的生命周期也不会太长。例如，"超女"连续举办了好几届，但只有 2005 年的比赛获得了令人瞩目的成绩和商业价值。当时，有粉丝为表达对偶像的热爱与忠诚，甚至在百度贴吧中宣布不会再继续观看 2006 年的"超女"赛事。显然，这对主办方和赞助企业来说并非什么好事情，意味着一部分受众的流失。

任何一个成功的娱乐营销项目，都必须充分考虑由于注意力资源高度流动导致的生命周期较短的问题，进而通过不断创新项目模式、活动内容、娱乐元素等方式黏住受众眼球，延长自身生命周期，创造更大的营销价值。

◆ **娱乐营销的运用要量力而行**

娱乐营销是将娱乐元素融入商业运作中，而娱乐向来是一项十分"烧钱"的内容。相关研究指出，虽然娱乐营销已成为泛娱乐化时代的营销利器，但多数企业在娱乐方面的投入与产出不成正比，难以真正获得娱乐营销在吸引和留存消费者方面的巨大价值。

因此，企业必须首先对自身的资源、优势、实际的营销问题等内容有着深刻理解和精准定位，然后在此基础上开展与自身体量、实力相适宜的娱乐营销项目。

◆ **产品和娱乐节目要做到珠联璧合**

娱乐营销中，娱乐是手段和策略，营销、销售和获利才是最终目的，因此企业必须选择符合产品气质、能够与产品达到"珠联璧合"效果的娱乐项目。相反，如果产品和娱乐成为"两张皮"、不相匹配，则最后只能是为娱乐而娱乐，企业也自然难以获得娱乐营销在提升关注度、美誉度、忠诚度和销售业绩等方面的价值。

此外，娱乐营销有着很强的时效性，且环境复杂多变，在项目投放之前很难实现全方位的调研检测。这要求企业具有充分的进取性和决断力，能够"果断出手"，而不是在谨慎观望和犹豫等待中错失市场机会。

3.2 制胜之道："品牌＋娱乐＋内容"的创意营销

3.2.1 独特的创意：传递积极的生活态度

自古以来，棺木的设计十分严谨，但并不是所有人都希望遵循一贯的作风，在某些人看来，传统棺木过于庄重、严肃，设置成葬礼的风格，他们也不喜欢。棺材公司 Coffins 于 19 世纪 60 年代在英国诞生，该公司于 2012 年初推出一项特殊的展览，主题为"疯狂棺木"，此次展览推出的棺木造型不同以往，超越了人们传统观念下死亡用品需保持庄重、肃穆的认识，以滑板、汽车、芭蕾舞鞋等形象设计吸引人们的眼球，独具创新色彩。

Coffins 公司的创意棺材是设计师与艺术家合作推出的，他们能够根据客户的要求，为其设计定制化棺木，获得自身运营与发展。

Coffins 公司自 1990 年以来，就面向客户为其提供定制化棺木。举例来说，有的客户从事机械设计及研究工作，对飞机设计十分痴迷，因此希望自己的棺材外观设计成飞机的形状。在孩子意外去世后，有父母希望其棺木能够设计成孩子生前喜欢的东西，如吉他、滑板等。

通常情况下，在涉及死亡相关的话题时，大部分人会心情悲痛，出于表示对死者的尊重，丧事也会庄重、肃穆，因此，大部分棺木公司遵循这种既定习俗为客户提供产品。Coffins 公司则突破传统，在产品中融入更多个性化、幽默化的设计元素，并且能够根据客户需求着手设计，让他们能够按照自己的意愿选择死亡物件。

通过在产品中添加创意元素，既能提高产品的专属性，使消费者认可

自己的产品，又能在与同类企业竞争中掌握更多主动权，**在市场上处于优势地位**。近年来，越来越多的企业开始采用娱乐营销，具体方式包括设计有趣的产品、推出超越传统的展览或者在广告中添加创意元素等。

近年来，外部环境带给人们的生活压力不断增多，导致人们产生压抑感。2008 年全球性经济危机的发生，引发大批员工失业，很多人的收入也受到影响，使消费者产生挫败感。再加上日本海啸导致的经济动荡，以及欧债问题给市场经济带来的影响，进一步挫败了消费者的信心。

当消费者的信心不断下降时，他们在购物时会更加谨慎，减少冲动消费，总体消费会呈下降趋势。与此同时，20 世纪最后一个时代成长起来的年轻人，由于大背景的不同，其生活方式与消费方式发生了很大变化。传统模式下的消费者通过自己的奋斗获得生存与发展的机会，他们的消费行为比较克制，所以，以往的产品营销者是以消费者利益为核心的。而如今的消费者群体，不再像之前那样固守传统，而是青睐于创新与超越，另外，身处移动互联网时代下的消费者，能够通过多样化渠道获取信息，如此一来，陈旧的营销方法已经无法获得消费者的关注。为了获得消费者的认可，品牌需要拉近与消费者之间的距离，使其能够放松身心，所以相比之下，能够从心理层面上打动消费者的营销方式更能获得他们的青睐。

在娱乐营销越来越普遍的今天，尽管所有经营者都可以参与，但很少有人真正把握住了机会。要采用娱乐营销方案并取得理想效果，其难度通常超出人们的想象。2012 年，台湾地区消费者对市场普遍抱消极态度，某杂志在分析市场环境的基础上，以"娱乐营销"为主题的特刊，目的是为品牌运营者提供更多创新的思维模式，使其经营更符合消费者的心理需求，从而带动市场的整体发展。

研究表明，**正面、积极的情绪能够对于消费者的选择产生积极作用**。举例来说，当人们的情绪受到感染，其参与的积极性就能被调动起来，与此同时，人们的思维也会更加发散，能够跳出原有框架思考问题，并降低自己原本对人与事物的要求，更加积极乐观。

有业内人士指出，20 世纪末期对今后 30 年消费市场的发展具有决定性影响。通过分析不难发现，正在成长为消费主力的年轻群体，对情绪感知十分关注，换句话说，这些消费者更倾向于选择能够满足其情感及心理需求的品牌，因此，品牌经营者需要增加品牌的情感价值，使其能够带给消费者愉悦的体验。

尽管娱乐营销不是近几年产生的新方案，但相比于西方发达国家，国内品牌经营者认识到其重要性的仍在少数。在整体经济发展呈下滑趋势、生活节奏加快、挑战日益增多的背景下，消费者的信心受挫，而那些能够作用于消费者情绪的品牌则更具竞争优势，因此，品牌经营者不妨增加品牌的趣味性，与消费者进行有效互动。

当然，在采用娱乐营销方案的同时，也要注重限度问题，不然可能产生反作用。例如，如果广告中涉及暴力元素，家长会产生提防心理；如果在进行品牌推广时不实事求是，最终会令消费者失望；若在性别方面做不到公平，则会让部分消费者产生抵触。所以，采用娱乐营销方案时，也要综合考虑各方面因素。

3.2.2　4P 营销：泛娱乐化时代的创新法则

泛娱乐时代的 4P 营销法则如图 3-4 所示。

Product	• 在产品上制造惊喜
Price	• 在价格上刺激欲望
Place	• 在渠道上创造魔法
Promotion	• 在促销上赞助快乐

图 3-4　泛娱乐时代的 4P 营销法则

◆ Product：**在产品上制造惊喜**

产品力是支撑品牌发展的必要因素，对消费者而言，优秀的产品不仅要具备完善的功能，还要在设计方面符合其心理需求，品牌也可通过这种方式提高自身的价值含量。如上文中的 Coffins 公司，能够将自己的创意思维应用到棺木设计上，连死亡也能因此变得让消费者愉悦，其他产品自然也能做到这一点。

斯洛维尼亚的一家图书馆也是这方面的典型代表。纸质书面临电子书带来的巨大压力，销售量大大下滑，所以，很多人不再愿意买书或到图书馆借书，而是用移动终端下载电子书。为了解决这个问题，图书馆改变以往的出售方式，将书籍包装成礼物，根据读者的兴趣，为其提供精选的书籍，并让读者体会打开礼物时的期待与惊喜。通过采用这种创意方式，读者能够感受到读书的乐趣所在，也就能够被成功吸引。另外，图书馆也能提高自身的价值含量，让更多读者认同自己的运营方式。

◆ Price：**在价格上刺激欲望**

除了产品设计之外，经营者同样可以在价格方面着手，通过娱乐营销来打动用户。传统模式下，许多商家采用的买一送一营销手段，尽管能够打动关注价格因素的消费者，但现在看来，这种营销方式已经缺乏创意。斯堪的那维亚航空为吸引消费者购买优惠机票，与 Crispin Porter + Bogusky 广告公司联手推出以下营销娱乐方案。

所有情侣用户使用智能手机进行扫码，经过 4 秒钟的等待时间后，能看到手机中显示的奇妙短片，短片中的热恋男女会分别出现在两部手机屏幕上，随着他们的亲吻，营销广告的主题也会出现，即消费者可支出一份机票的钱，与自己的伴侣共享欢快的旅途。

通过短片呈现，不仅能发挥价格促销的作用，还能激发人们的心理欲求。在观看短片之后，消费者可能受到价格优惠及需求刺激的双重驱动下购买前往浪漫之都旅行的机票。

借助智能手机推出的营销活动，能够进一步提高机票销售的趣味性，尽管部分消费者会觉得这种营销方式将简单的销售活动搞得更加烦琐，但仍然会有一些消费者认同这种娱乐营销方式，在自己消费的同时，还会将创意广告推荐给他人。

◆ Place：*在渠道上创造魔法*

适逢情人节，坐落于日本东京的大型百货中心连锁店高岛屋，在橱窗里展出仿真机器人，用于节日促销，并贴上"陷入爱河的机器人，她在等你"的标语。这款仿真机器人能与消费者近距离互动，可以微笑点头，非常逼真，使许多路人不禁停下脚步。

这是仿真模拟机器人设计大师石黑浩与大阪大学共同推出的智能产品。由于机器人能够做出细微而逼真的表情，能够自然地眨眼、打哈欠，时不时地张望四周，仿佛在等人赴约，吸引了众多路人驻足观看。

高岛屋采用机器人模特，就是为了获取消费者的关注，使更多路人成为自己的客户，其最终效果也十分理想。石黑浩本人在这之前就推出了许多机器人产品，在世界范围内享有较高的声誉，但这款为情人节促销推出的机器人，是首个商用机器人案例。他认为，将有越来越多的百货公司采用仿真机器人进行营销。因为以往的模特产品只具备体型方面的相似性，与消费者之间存在不可跨越的距离，相比之下，仿真机器人能够与消费者进行情感交流，使品牌与消费者之间的联系更加紧密。

◆ Promotion：*在促销上赞助快乐*

娱乐营销的应用范围非常广，只要发挥设计者的创新思维，在原有基础上增加趣味性元素，就能对人们的行为产生引导作用，调动人们参与的积极性。

　　"钢琴楼梯"是这方面的代表性案例。由于现代生活节奏的加快，在地铁站里，大部分人选择乘电梯或手扶梯，导致楼梯闲置，电梯拥堵。为了让更多人走楼梯，设计者在楼梯上安装了音乐发声装置，并将楼梯台阶的外观粉刷成钢琴键的样子，这样一来，人们在走楼梯时，就如同自己成了钢琴演奏家，多个人同时在不同楼梯上走动，则能够"演奏"出多样化的曲子。这种娱乐营销方式成功吸引了人们，很多人为了体验这种艺术功能而改走楼梯。

　　这种娱乐营销模式使设计人员将创意思维应用到人们的日常生活中，使人们一成不变的生活更加生动有趣，对人们的行为产生了积极的引导作用。

　　除了地铁站，美国 J.F.K. 机场也采用了"钢琴楼梯"的营销方法。免税店通道安装的"音乐地板"，能够在人们拉着行李箱经过时产生美妙的音乐旋律，如果掌握技巧，还能演奏出完整的曲调，如美国国歌。设计师 Bobbe 的这项创意设计，不仅能够让行人在通过免税通道时体验艺术的奇妙，还能使更多旅客留意到免税店展出的商品。另外，对于机场而言，这种娱乐营销能够扩大品牌宣传。

　　Bobbe 之所以推出此项创意方案，源于他观察到人们在车站奔走时，脚下的铁板、不同材质的路面会发出不同的声音，所以，他想将这些杂乱无序的声音转换成律动的音符，在设计推出后，不少企业纷纷提出赞助计划，旨在让更多的火车站、地铁站应用这项创意方案。

3.2.3　IP 营销：IP 经济下的品牌圈粉攻略

　　移动互联网的快速发展，使得传统媒体的营销价值被极大削弱，以前企业只需要在电视、报纸等垄断性的传统媒体上投放广告就可以实现全国范围内的广泛传播，但如今这已经几乎是不可能完成的事情。而充分利用热门优质 IP 资源，进行线上及线下推广，开展场景营销、体验营销、内容营销、事件营销等营销玩法，受到了诸多品牌商的一致青睐。

近两年，IP 热潮在营销界掀起了巨大风暴，利用热门 IP 的强大引流能力，能够使产品及品牌取得较高的曝光度，有效促进产品销量及品牌影响力的提升。以加多宝、麦当劳、华莱士为代表的快消品品牌，通过各种各样的 IP 跨界营销新玩法赚足了眼球。不过 IP 营销也绝非是一件简单的事情，市场中层出不穷的失败案例值得每个营销从业者深入反思。

获客成本不断增加，加上人们的注意力被过度分散，具有较高黏性及受到年轻用户群体广泛关注的热门 IP 的巨大潜在价值得到进一步发掘。甚至受到电商强烈冲击的一些实体门店，通过引入热门 IP，利用扫描二维码的方式连接其忠实粉丝，辅以促销打折、独家供应定制产品等营销手段，而重新焕发了生机与活力。

IP 是连接具有某种共同调性的社群的文化符号，通过引入热门 IP，不但能够有效缩短企业与消费者之间的距离，而且能够实现病毒式传播。当然，想要让 IP 营销取得良好效果，需要充分考虑以下几种因素：

第一，IP 粉丝是否能够转化成为企业用户？

第二，IP 资源是一种受众广泛的 IP，还是垂直领域的小众 IP？

第三，IP 背后的文化理念及消费价值观是否和企业的产品及品牌高度契合？

第四，IP 是否存在版权纠纷？

引入 IP 资源，不仅体现了企业整合优质资源的能力，而且对于企业开展营销推广也具有极高的价值。网文、音乐、游戏、动漫、影视剧、综艺节目等各种形式的 IP 背后存在着大量的年轻消费群体，如果企业能够选择合适的 IP，提升产品及品牌的曝光度，使品牌与 IP 实现深度融合，将 IP 背后的粉丝转化成为自身的忠实用户自然就会水到渠成。

从实践来看，IP 营销的关键在于线上引流、线下体验、终端变现，通过在社交媒体、视频网站、直播平台等 IP 粉丝相对比较集中的媒介进行全方位传播推广；围绕 IP 制造讨论话题，引导粉丝互动参与，实现口碑传播。与此同时，还要做好线下体验环节，通过优质的产品与极致的服务体验赢得粉丝的信任，这样才能充分发掘出 IP 的营销价值，为企业创造更高的利润回报。具体操作步骤如图 3-5 所示。

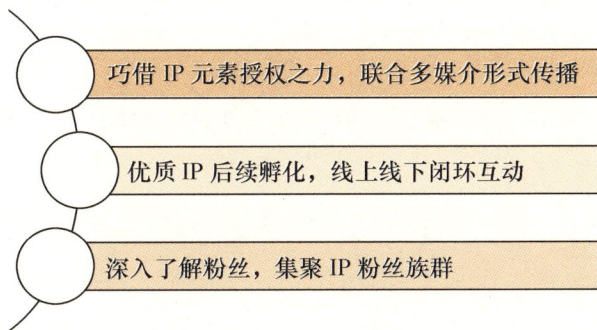

图 3-5　企业的 IP 营销策略

◆ **巧借 IP 元素授权之力，联合多媒介形式传播**

　　IP 营销是一个长期发展的过程，在前期规划发展期间，需为后续发展预留衍生能力。故而，IP 开发期间就应基于多种媒介形式的发展考虑，为社交、电视剧、电影、教育以及衍生产品等媒介预留创造空间，并规划好 IP 的商业化战略。与此同时，随着互联网科技水平的不断提升，IP 的传播能力日益强大，单一媒介的商业变现途径已不适用，IP 需借助多种媒介形式，经全媒介联动完成商业化收益。

◆ **优质 IP 后续孵化，线上线下闭环互动**

　　众所周知，IP 营销模式中粉丝族群可产生巨大的扩散效应，这是传统营销模式所不具备的。现阶段，要想促进 IP 的自传播，应将粉丝的扩散效应充分运用起来，在线上积极培养粉丝群体，线下多做活动实现与粉丝的深入互动，构建闭环的营销生态链。当然，为保证生态链的活力，企业应不断加强优质内容的后续创造，以孵化的新内容谋求更多收入。

　　至今为止，很多 IP 对其收入模式进行了变革，其中最具代表性的则为好莱坞影片。据不完全数据统计，多数好莱坞影片的收入来源为两部分，其一为票房，其二则为衍生产品所获收益，而前者所占比例却不足 30%。

◆ **深入了解粉丝，集聚 IP 粉丝族群**

粉丝族群的集聚不是一蹴而就的，在积累粉丝的漫长过程中，需要 IP 与用户的彼此陪伴，这也是 IP 发展的关键。以《盗墓笔记》为例，在该系列电视剧、电影等热播期间，也迎来了原著小说中的"十年之约"，这无疑成为各大社交媒体讨论的热点。而相伴十年的用户，也成为《盗墓笔记》IP 品牌的忠实粉丝。

每个 IP 都可赢得一定的用户注意，但能够将用户转化为品牌粉丝才是 IP 营销成功的关键。以几个经典 IP 为例：《哆啦 A 梦》《变形金刚》等经典之作，之所以能够获得大量的粉丝拥戴，吸引用户注意是一方面，而更重要的则在于对 IP 元素的应用，因其将 IP 授权元素变成了品牌独有的东西，继而塑造了品牌形象，故而受到用户的高度认可。

3.3 引爆流行：社交媒体时代的粉丝营销与变现

3.3.1 粉丝经济：构建品牌的粉丝影响力

企业可从粉丝用户中进行商业价值的挖掘。如果企业在发展过程中建立起良好的粉丝文化，就能逐步形成自己的"粉丝产业"，依托粉丝经济模式进行变现。对企业经营者来说，最为关注的问题是采取什么方式来适应外部市场的变化，借助"粉丝经济"推动企业发展。在互联网高速发展及普遍应用的今天，越来越多的企业开始推出创新营销模式，那么，企业在实施粉丝经济模式的过程中应该注意哪些问题，才能减少自身承担的风险呢？

在这里，对传统企业在实施粉丝经济模式时需注意的方面及其方法选择进行解析。

不少企业对于"粉丝经济"的理解有失偏颇。部分企业认为，所谓的

"粉丝经济"，不过是开通微信公众号，促使用户关注，进行广告宣传，为此，企业的相关运营人员想尽各种办法增加自己的用户数量，以便进行更大范围的信息传播。在积累起自己的关注者之后，运营方所做的就是进行广告宣传，在微信平台上发布多元化的宣传稿、进行产品展示与推广，或者发布营销软文，甚至通过"八卦"消息获取用户的注意力。还有部分创业人员通过微信朋友圈进行信息传播，所以如今的朋友圈中，不乏广告、软文或者哗众取宠的推广内容。

对经营者而言，想要通过采用粉丝经济模式推动自身发展，第一步要做的是认清粉丝经济模式的本质内涵。只有在此基础上，才能掌握粉丝经济实施的方法及技巧，否则，很难取得理想效果，甚至产生负面作用。

理解粉丝经济的本质，应该先对网络营销的本质有所把握。事实上，无论是传统营销、网络营销，还是当前大火的移动营销，从根本层面上来看，它们的核心是营销，而网络、移动网络只是其营销途径。何为营销的本质，营销最终的目标是获取利润，这也是企业运营的最终目的，利润获取是企业维持正常运营的必要条件。

企业需要通过营销进行品牌打造与推广，面对激烈的市场竞争，企业要维持自身生存与发展，就要努力提升自身品牌的影响力。立足于消费者的角度来分析，他们在进行产品选择时，品牌因素是其关注的重点，根据营销学的"第一法则"，如果可供消费者选择的两款产品没有明显的区别，价格相当，则消费者会根据品牌因素进行决策。因此，企业在建立起自己的品牌之后，还要通过营销进行品牌维护，持续推广。

伴随着互联网的高速发展，无论是传统行业还是营销领域都深受影响。如今，"互联网＋"渗透到越来越多的领域，建立其自身品牌的企业也无法保证其最终的销售结果。这是由于互联网使企业运营不再局限于特定地域范围，行业内的信息开放程度也大大提高。以往，区域性品牌是十分常见的，而在互联网时代下，区域间的分界逐渐模糊甚至消失，企业需要面临同行业内其他品牌的竞争。在这种情况下，多数消费者会根据"第一法则"，属意行业中排名比较靠前的品牌。

因此，在互联网，特别是移动互联网时代，只有实力雄厚的巨头企业才拥有绝对优势，其他排名比较靠后的企业则面临巨大的压力；即便拥有自己的品牌，也很难从诸多竞争对手中脱颖而出。

在这种大背景下，"粉丝经济"粉墨登场，其诞生既存在偶然性，也是一种在时代发展的驱动下出现的必然结果。换句话说，**身处互联网时代中的企业不仅要建立自己的品牌，还要积累粉丝用户，面对激烈的市场竞争，企业要想获得持续性发展，就要依靠粉丝用户的支持。**

企业在积累起粉丝用户后，还要进行价值变现。那么，怎样挖掘粉丝群体的商业价值呢？为了实现这一点，企业应该依托互联网及移动互联网，打造自己的生态体系。BAT 巨头企业之所以能够取得举世瞩目的成就，就是因为建立了完善的生态体系。

采用 B2B、B2C 及 C2C 模式的卖家可通过入驻其平台进行运营，消费者也能从中获取满意的产品与服务。所以，企业应该将打造完善的生态体系上升为自己的发展战略，并在具体实施过程中逐步落实。

企业所属领域不同、产品不同，在建立生态体系时采取的方法也不同。部分企业以产品为核心打造生态体系；部分企业以服务为核心打造生态体系；还有企业以产业链为核心打造生态体系。无论是哪种方式，在实施过程中要注意以下两方面：**第一步是积累粉丝用户；第二步是以用户为核心，为其提供优质的产品或服务，帮助其解决问题，不断提升用户体验，最终形成完整的生态体系。**为此，企业需要理性思考，根据自己的实际情况及产品特性选择适合自己的发展方式。

3.3.2 价值挖掘：企业粉丝营销实战攻略

企业经营者怎样实施粉丝经济模式？从表面上理解，"粉丝经济"包含两部分："粉丝"与"经济"。其中，**"粉丝"**指企业需要将普通用户转变为自己的忠实用户；**"经济"**指企业在积累起粉丝用户后，需进行价值变现，

进行商业价值挖掘。

先分析一下怎样聚集粉丝。为此，有必要在客户、用户与粉丝之间进行区分，除了称呼不同之外，它们还存在根本意义上的区别，各自代表的价值导向也不相同。

在早期企业经营时，将"客户就是上帝"作为其重要理念，要求经营者及员工重视自己的客户。"客户"具体是指，将消费者转换为自己的客人，与消费者达成交易，这也是企业运营的核心。在这种理念下，企业采取合适的营销手段，将生产出来的产品进行包装，促使客户购买自己的产品，在交易完成之后，企业与客户之间的联系也会消失。若产品没有达到消费者预期，企业通常也不会承担责任。这是由于在早期企业运营过程中，信息不透明，企业的经营理念停留在传统模式下，与此同时，消费者的要求也较低。

伴随着互联网的普及应用，"用户"成为更多企业的关注点。"用户"强调的是"用"，即消费者在结束购买之后，开始使用产品时，企业与消费者之间的关系才正式启动。因此，在互联网时代下，企业更加注重产品的"用户"群体，并将其作为自身运营的核心，致力于为用户提供极致的产品体验。企业之所以会产生价值理念上的变化，是由于伴随着社会的发展，经济条件逐步提高，人们拥有了更多的产品选择，互联网的应用提高了信息开放程度，使企业面临更加激烈的市场竞争。

在互联网时代下，若企业仅局限于与消费者达成交易，忽略了用户的体验，最终可能导致消费者不再重复购买。不仅如此，所有用户都作为传播者，在网络平台上发布评价信息。如果用户上传了负面评价，经过互联网迅速扩散，会导致企业失去更多用户。

粉丝的关键因素有哪些？为了分析这一点，要对粉丝的特征有所把握，粉丝在选择产品时，更倾向于心理层面的感受，而不是在进行理性判断后做出决策。他们对产品的喜爱更加主观，也就说，情感因素在其决策中占据重要地位，为此，企业要从情感上打动用户。

那么，如何才能打动消费者，让其变成企业的忠实粉丝呢？

　　第一，定位。定位的重要性不言而喻，无论是在产品设计、营销，还是品牌打造环节，企业首先要做的是明确自身定位。以小米为例，其产品之所以能够得到粉丝的追捧，就是因为小米手机未诞生时，消费者很难以低廉的价格买到品质较高、设计精美的手机。绝大多数价格低廉的手机没有品质保证，设计方面也存在不足。小米手机则定位于高品质、低价位，自然能够得到广大消费者的认可。

　　第二，产品。可靠的产品是企业发展与运营的前提，为此，企业需加强对原材料采购、生产及设计、产品加工及包装等环节的监督。尽管很多企业懂得产品的重要性，但在实际运营过程中，仍然有很多企业忽略了这一点。在互联网时代下，企业在保证产品质量的基础上，还应打造爆款产品。为此，企业需突出产品的亮点，紧紧抓住用户的需求，为其提供满意的产品。

　　第三，思想。优秀的产品应该包含思想价值，在实际运营过程中，那些具备思想价值的产品更容易得到粉丝用户的青睐。

　　第四，体验。不少业内人士把产品体验列为产品中的一个方面，在这里，为了突出其重要性，将其分离出来，使企业对其有着更为直观的了解。产品质量有保证、能够正常使用并不能说明该产品就能带给用户较好的体验。有些产品的质量不是最好的，但仍然能够带给用户一流的体验。

　　第五，服务。将服务作为体验的一部分也未尝不可，但在这里为了强调，还是将其独立出来进行分析。**产品体验主要是指用户在使用过程中的感受，除产品本身以外，包括售前、售后及维修则属于相关服务。**优质的服务能够给用户留下深刻的印象，使其对产品更加满意。

　　第六，其他。与产品相关的人、背景故事、成功的案例等也能够对用户产生影响。简言之，能够作用于用户的情感，使其认可产品的方法，企业可以采用。

　　另外，企业在具体经营过程中，还要搭建能够与用户进行沟通交流的平台，帮助用户解决问题，与其进行及时有效的沟通，通过这种方式维系与用户之间的长期联系，增强用户的信任，提高用户的依赖性。

3.3.3　偶像崇拜：新媒体时代的粉丝效应

国内人气偶像明星鹿晗是"90 后"及"00 后"的年轻人非常熟悉的，其中很多人是他的忠实粉丝。这个年轻的艺人在 2014 年 8 月发布的一条微博，以 1316 万条的评论数创下吉尼斯世界纪录，是我国中文社交媒体上首位吉尼斯世界纪录的获奖者。

如今，分众化与小众化愈加明显，由小批量忠实粉丝组成的传播队伍，能够产生同大众群体，甚至更胜一筹的推广效果，由此实现的价值转化也非常可观。在追求个性化的今天，越来越多的人通过追星来标榜自己的独特性，并与其他粉丝组成团体。

在移动互联网高速发展的今天，传统模式下媒体中心化的现象不复存在，粉丝追星也不再具有中心化特质，也就是说，以往人们喜爱的大众明星现在已经不存在了。如今，人们会将自身兴趣作为选择偶像的标准，同一个明星的粉丝，会因为具有共同的爱好而形成各自的团体。

另外，当下明星的火热程度已经很难用数字具体量化了，主观因素在明星评判中占据更重要的地位。不过，通过明星的相关话题量、曝光率以及工作安排、代言品牌等还是能够大致了解明星在当下的受欢迎的程度。

随着媒体行业的发展，明星的曝光途径已经不再局限于电视和报纸这些大众媒体，微博、微信、公众号等的出现，也逐渐成为明星曝光的重要渠道，如今，明星微博的粉丝数、订阅号关注人数、相关话题的热度等数据能反映出明星在当前的受欢迎程度。另外，在不同细分领域会产生人们关注度较高的偶像，这一点与以往的大众偶像存在明显区别。

之所以会出现这些变化，是因为"90 后"和"00 后"的年轻群体在追求上更加倾向于个性化。不同于"80 后"追求争取他人的认可，"90 后"及"00 后"更注重自身认知的表达及满足。举例来说，华晨宇在"90 后"的人群中很受欢迎，就是因为在"90 后"的年轻人眼中，他才华横溢，但不善于表达自己，与外界有些格格不入。这正好符合"90后"的认知需求，华晨宇就代表着拥有才华却得不到周围人赏识的自己。

因此，由于价值观方面的不同，很多受到"90后"追捧的偶像对大众来说却是陌生的。过去，人们把某些方面优于自己的人作为偶像，而"90后"选择偶像的标准则发生了很大的变化。从根本上来说，"90后"的年轻人认可的是自己。同时，伴随着互联网发展成长起来的"90后"擅长信息传播，并拥有较强的消费需求及消费意愿。

小米是粉丝营销的经典案例之一，为了树立良好的产品形象，打造产品口碑，小米将产品、社会化媒体及用户关系的经营作为至关重要的3个组成部分。

从传媒行业的角度来分析，作为文化产品，其本身的品质决定了核心竞争力的大小，**社会化媒体主要是指在推广过程中媒体进行的信息扩散，用户关系则是运营方对粉丝行为的引导。**

依托粉丝经济发展的产品，面向的是那些对特定个体或 IP 高度追捧，同时愿意进行消费的人群，这类人比较注重自身的个性化需求而非他人的认同。因此，作为产品的经营者，在策划及营销环节并不需要过多地考虑产品的社会价值、思想价值及艺术价值的含量，而是应该牢牢抓紧粉丝群体侧重的因素。

为了提高此类产品的竞争力，必须在把握粉丝群体期望的基础上对艺人的形象进行包装。对明星偶像而言，他们的发展离不开粉丝的支持，只有了解粉丝的需求，才能将其打造成粉丝认可并追捧的人。

在这里需要明确的一点是，粉丝会对偶像的文化产品进行选择，偶像所属的领域不同，其粉丝对消费内容的选择也存在区别。一般情况下，粉丝更倾向于选择那些具有明显专属性、能够与自己的偶像近距离接触的文化产品。

举例来说，由某个偶像参与出演的电影与专属性更强的唱片，显然后者对粉丝的吸引力更大，因为对粉丝而言，其偶像只是电影中的一部分。

由人气偶像鹿晗出演的电影《重返 20 岁》于 2015 年 1 月上映后，累计票房达 3.66 亿元。在电影宣传期间，考虑到如果刻意突出鹿晗的形象，在经过大范围传播之后可能让观众认为，这部电影是专门针对鹿晗的粉丝推出的，这样一来，其他观众选择观看的可能性就会大大降低。不过，鉴于鹿晗的高人气及粉丝的高度支持，其传播作用仍然有力促进了电影的推广。

如今，粉丝营销逐渐普及开来，媒体不仅能够发挥信息推广作用，还充当着粉丝与偶像交流的中间平台。举例来说，经纪人会将艺人近期的活动发布到贴吧，而绝大多数粉丝开通了微博账号，分享偶像的行程，与其他粉丝进行互动。

网络平台适合沟通双方进行及时有效的互动，很多粉丝通过网络平台与其偶像进行互动，所以，许多粉丝营销是通过网络渠道进行的，而媒体也借助网络优势输出粉丝群体需要的内容。

如新浪平台，其旗下的娱乐产品包括新浪微博、新浪娱乐、新浪视频等多种形式，在运营过程中，新浪还会与其他产品达成合作关系，从而实现优势资源的整合，也能够有效提高艺人的曝光量。新浪微博的微访谈就可作为艺人宣传的途径之一，参与该活动的明星偶像则需根据粉丝的关注点表现自己。

另外，相比于朋友圈，微博的开放性要高一些，除了好友之外，其他人也能参与到其中。所以，在所有形式的社交媒体中，微博的粉丝活跃度居于首位。

近两年，以鹿晗、华晨宇、吴亦凡等为代表的偶像群体在进行文化产品推广时，采用的渠道及方式存在许多共性。其突出特点是，粉丝会通过媒体平台参与到传播环节，官方平台关注后则会进行配合，在更大范围内进行信息扩散。

在这个过程中，粉丝出于对偶像的支持会推出相关话题，在偶像生日或其作品面世后进行自发宣传，官方平台发现亮点内容后，则会进行二度传播，并通过组织线上活动调动粉丝的积极性。

如今，伴随着"90后"及"00后"粉丝群体消费方式的改变，一些文化产品的生产及推广方式也已经不同于传统模式，以小米为代表的粉丝营销开始在娱乐及传媒领域得到应用；随着该模式的发展成熟，将有越来越多的文化娱乐产品采用此种模式进行推广。

3.3.4 参与感法则：注重与粉丝深度交互

粉丝出于对偶像的支持，会为偶像宣传做出努力。举例来说，有些懂得策划的粉丝，在得知其偶像要参与某项活动时，会自发制订企划案，为偶像宣传，具体到曝光渠道、媒体种类选择、粉丝支持等；若其偶像举办演唱会，粉丝还会建议工作人员为媒体记者发放礼物，设计粉丝穿着的统一服装及其他相关产品。很多情况下，粉丝提供的偶像信息要比媒体人员搜集的更加全面具体，反映出他们对偶像的喜爱与支持力度。

如今，粉丝群体的需求也具有鲜明的个性化特点，他们希望能够更多地参与到偶像活动中，而不是像之前那样被动地接收信息。粉丝群体可以与偶像及其经济团队进行沟通，经纪团队为调动粉丝的积极性，则会给予粉丝更多的建议权，现在，明星偶像的经纪团队会与粉丝保持顺畅的交流，双方相互配合，推动艺人的发展。

现阶段下，在艺人的宣传中，占据核心地位的依然是媒体，粉丝会响应媒体的号召，根据其引导行动。不过，粉丝正越来越多地参与到营销过程中，成为经纪公司的重要支持力量。总体而言，在娱乐产品推广中，处于核心地位的依然是媒体，其通过密集的曝光来获取用户的关注，刺激用户消费。

但同时，粉丝群体会进行有效分工，为进一步扩大偶像的影响力做出自己的贡献。所以，由粉丝群体组织的活动，再经媒体宣传也逐渐成为艺人营销的一种常见方式。粉丝群体会深度参与到偶像营销及宣传环节，通过组织活动或制造新闻的形式进行信息传播。

鹿晗拥有大批粉丝，澎湃新闻的调查显示，鹿晗出演的电影《重返20岁》临近上映时，其粉丝群体自发组织了"百城包场挺鹿晗"活动，最终粉丝包场观影的城市总数达100个以上。在2014年10月末，鹿晗的粉丝着手制订活动计划，11月开始实施，在具体实施期间，负责人首先会定位活动开展的城市、时间及具体的上映地点，再与影院进行沟通；其次，负责人会将互动时间、地点、规则等上传到网络平台；最后，与媒体及粉丝进行沟通，确定最终的参与方，通过包场观影进行电影推广。

今天，粉丝的深度参与的现象也越来越多，**所谓非粉丝深度参与，即粉丝群体为支持他们的偶像，为粉丝发展提供更多的机会，开始参与到产业链上游环节**。在这种情况下，粉丝在文化产品策划阶段就有所参与，并涉及产品策划、制作、推出、营销等各个环节。

举例来说，国内知名演员胡歌的粉丝阅读过《琅琊榜》小说后，认为可将该作品通过影视剧的形式表现出来，而其偶像胡歌则为饰演主角的不二人选。所以，有粉丝将胡歌之前的作品经过处理后发布到《琅琊榜》贴吧，使该作品的粉丝认同胡歌的形象及能力。之后，粉丝又向胡歌本人及山东影视集团力推该作品，得到其认可后，促成了该作品的生成。胡歌也凭借该剧进一步提高了知名度。

粉丝营销在改变传统营销及推广方式的同时，也使得偶像、媒体平台及粉丝之间的关系呈现出新的特点，与此同时，粉丝参与到文化产品生产及推广环节的主动性也进一步提高，其参与深度也是传统模式不可企及的。

第 4 章

微视频营销：
"微"时代的品牌营销法则

4.1 短视频营销：原生内容驱动下的精准广告投放

4.1.1 短视频营销：开启全新的营销时代

随着科学技术及经济发展水平的不断提升，限制短视频营销发展的带宽、终端及用户流量等问题已经得到有效解决。而微信、微博等社交媒体平台支持用户上传并分享短视频，更是让短视频营销的热度进一步提高。

在传统媒体时代，企业的营销推广主要就是借助电视、报纸等几种有限的渠道进行硬性推广，不但成本较高，而且也无法考核营销效果。而基于移动互联网的短视频营销颠覆了传统的营销业态，它让营销内容更为丰富、生动，广告属性愈发模糊，在让用户获取优质内容的同时，也实现了品牌商进行营销推广的目标。未来，短视频营销有望成为品牌商进行营销推广的一种主流形式。

短视频内容传播方式，迎合了移动互联网时代用户需求移动化及碎片化的特征，可在等公交车或者排队付款等碎片化场景中应用，其潜在商业前景十分广阔。更为关键的是，人们的大脑处理可视化内容时的速度可以达到纯文本的数万倍，从而让商家更容易通过营销推广打动用户，有效提升转化率。

在国际市场中，很多品牌商借助短视频营销获取了巨大的回报。随着网络通信技术的不断发展及相关基础设施逐渐完善，4G 技术将会得到大范围的推广普及，再加上智能手机性能的不断提升，短视频将会被越来越多的用户广泛采用，最终成为企业进行营销推广的必然选择。

◆ **短视频的定义**

短视频强调短小精悍，借助智能手机等移动终端进行生产，在微信、微博等社交媒体平台中实现快速而高效的推广。具体来看，短视频具有以下几个方面的特征。

（1）短视频时长通常不超过 30 秒；

（2）短视频制作门槛相对较低；

（3）短视频具有强社交属性，社交媒体平台是其主流传播渠道。

国内常见的短视频发布平台主要有微信、微博、秒拍、微视、美拍等，而国际市场中的主流短视频发布平台主要有 Vine、Snapchat、Instagram、YouTube 等。

◆ **短视频营销的优势**

由于人们获取内容的渠道逐渐从 TV 端、PC 端向移动端转移，从而使越来越多的企业将营销资源转移到移动端，而视频短片凭借着低成本、高效率等优势，受到了广大商家的青睐。

短视频具备较强的感染力，内容十分丰富，更加有利于营销人员发挥创意，再加上互联网营销本身具有的交互性、实时传播性、低成本等独特优势，更是让短视频营销迅速成长为企业营销的一把利器。

短视频平台的出现是移动互联网时代全媒体融合趋势的直接体现，而且短视频时长较短、富有创意及趣味的特征也十分契合人们移动化、碎片化、浅阅读等方面的特征。

通过短视频进行社交也被越来越多的用户接受，人们通过智能手机随时随地获取并分享短视频内容，而且内容更为真实，信息传播效率更高。目前，"视频＋社交"已经演变成为互联网行业热度极高的营销方式。

由于短视频营销主要通过社交媒体平台进行，如果能够保证内容的质量，基于朋友之间的社交关系，很容易实现病毒式传播。通过多次的评论转发，短视频内容甚至有可能成为社会话题，而且商家付出的营销成本要比传统营销方式低得多。

4.1.2　实战技巧：企业短视频营销的步骤

综合性的视频网站、专业的短视频发布平台及社交媒体平台等可以让企业进行短视频营销，使其受到了广大营销从业者的一致青睐。

在智能手机发展速度如此之快的当下，视频生产几乎没有任何门槛，拿起手中的智能手机打开短视频拍摄软件后，只用几秒钟的时间就可以制作一段短视频。而且只要视频有亮点及创意，借助一定营销手段进行传播推广，就可以将其推广至目标群体，从而实现精准营销。

视频生产完成后，用微信、微博、贴吧、论坛、短视频发布平台等进行传播推广，可以将其在短时间内实现大范围的传播，而且几乎不用花费任何成本，如果短视频质量较高，很容易实现病毒式传播。微信、微博、视频网站等平台中聚集着亿级用户群体，一旦视频实现病毒式营销，其创造的商业价值将是难以想象的。

需要注意的是，像搜狐、爱奇艺、优酷土豆、腾讯视频等视频网站对视频进行了十分细致的划分，所以将短视频上传至这些平台时，一定要对视频的关键词予以高度重视，因为这些平台中视频数量十分庞大，通过关键词搜索是用户获取视频内容的核心渠道。

此外，为了让优质内容生产者能够更好地对粉丝群体进行运营，视频网站也纷纷开设了自媒体频道；当积累了足够的用户流量后，不妨尝试申请开通自媒体。短视频营销主要包括以下几个步骤，如图 4-1 所示。

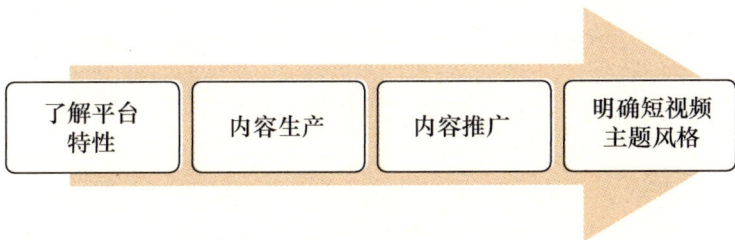

图 4-1　企业短视频营销的步骤

◆ **了解平台特性**

　　不同的平台有着不同的特点，即便同为社交媒体，微信、微博也存在一定的差异，微信更加偏向于熟人社交，微博则更为开放。所以，在进行短视频营销时，一定要充分考虑平台特性。

◆ **内容生产**

　　短视频强调趣味性及创意，由于其时间相对较短，尽量不要传播过多的信息量。而且进行推广时，不要硬性推广，要让营销内容和原生内容融为一体，让用户在不知不觉间被吸引。例如，2016 年世界杯举办期间，阿迪达斯利用短视频应用平台 Vine 向人们普及了世界杯用球的进化史，以滚动的足球象征着时间的演进，同时表现出了足球的变化，可谓相当有创意。此外，品牌商还可以举办短视频创意大赛或者用户投票来生产内容，这样不但能获得许多的优秀创意，而且能够有效提升用户的参与感与忠诚度。

◆ **内容推广**

　　（1）**使用标签**。鲜明的标签能够让短视频更有效地对接目标用户群体，并使其得到广泛传播，而且也能够帮助企业吸引新的粉丝。设置标签时，可以考虑将公司名或产品名融入其中，也可以借用当下的时事热点进行一定的改造。

　　（2）**关键意见领袖营销**。如果企业对视频的质量没有足够的把握，可以尝试与在目标群体中有较强影响力的关键意见领袖进行合作，利用他们的影响力来提升营销成功率。

（3）**借助社交媒体平台**。社交媒体平台的强大影响力及低成本特征使其受到了营销从业者的一致认可，目前微信、微博等社交媒体平台支持上传短视频。

◆ **明确短视频主题风格**

确定短视频的主题是很有必要的，在进行营销推广前，可以和团队成员进行讨论，对短视频的主题及风格进行明确，从而制作出能满足用户个性化需求的内容。视频制作人员应该结合当下的时事热点，加入更多的创意元素，从而使视频内容更有活力与生命力。

经过一段时间的摸索后，你就会了解到进行短视频营销的一些技巧：**哪些内容更受青睐，哪些内容会被用户反感，何时发布短视频效果最佳等。**

在掌握这些信息的基础上，企业可以尝试根据那些用户比较喜欢的内容制作一个定期发布的常规节目。积极与粉丝进行互动交流，通过举办线上及线下的粉丝活动来提升用户忠诚度的同时，也将帮助企业更为全面地了解粉丝需求。

定期搜索与品牌相关的话题，及时了解用户群体对品牌及产品的认识，并通过企业公众号对那些积极正面的内容进行转发及评论等。

短视频营销的成本相对较低，对那些初创企业及中小企业尤为适用。而且短视频营销十分符合人们内容消费的习惯，也能够在配置相对较低的智能手机等移动终端上进行展示。

4.1.3 "短视频 + 直播网红 + 电商"落地路径

直播、网红、短视频无疑是近两年社会各界关注的焦点，那么对于广大创业者及企业而言又应该如何抓住这一重大发展机遇呢？从国内的诸多成功案例来看，只有通过"短视频 + 直播网红 + 电商"模式，将其真正打通，才能从中获取高额的利润回报。

短视频与直播之间存在着较大的差异，短视频是先制作完成后才能上传并分享，而直播则是实时传播，后者的互动性与即时性明显更强。进行直播时，必须与观众进行充分互动，通过语气调整、风格转变等调动粉丝的情绪，从而提升直播间的人气及活跃度。

对于网红群体，可以按照粉丝关注他们的目的，将他们分为娱乐网红与电商网红。前者主要是满足人们的娱乐需求，如游戏主播、秀场主播、娱乐明星、段子手等属于此类；而后者则主要是因为他提供的优质商品，主要是那些在淘宝、微信、微博上卖货的网红。

而"短视频 + 直播网红 + 电商"模式中的网红主要就是电商网红，如果想要与娱乐网红进行合作，就应该确保他可以与企业的商品或者品牌形成强有力的连接，而不是跨度极大的硬性推广。当网红与企业的产品或者品牌产生较强的连接后，将产品卖给他的粉丝就是自然而然的事情了。

◆ 网红电商的落地步骤（图 4-2）

图 4-2　网红电商的落地步骤

（1）培养网红

首先需要寻找一个合适的网红，当然如果有相关方面的资源，也可以自己培养。在网红经济如此火热的当下，企业想要找到一名符合自身需求的网红并不困难。如果在这方面的预算较少，可以在直播平台上找一位有潜力的网红，并对其进行包装培养，使其成为企业产品或品牌的代言人；如果资金相对充足，而且注重时间成本，就可以直接找一些名气较大的电商网红进行合作。当然，这类网红背后通常会有经纪公司或者团队，谈判过程中可能会要求更多的回报。

（2）积累粉丝

足够的粉丝数量是"短视频＋直播网红＋电商"模式真正落地的重要基础，而粉丝的规模达到预期标准通常需要一段较长的时间，获取粉丝最为关键的是持续提供优质内容，类似关注发红包、举办线上及线下活动等仅是辅助手段。

（3）卖货阶段

积累了足够的粉丝后，就可以尝试向他们推广产品，在初期阶段不必追求太高的利润，能够让产品保持足够的热度即可，等到粉丝认可产品的质量及品质后，可以通过产品定制或者增值服务来获取较高的利润回报。

◆ 短视频和直播积累粉丝

事实上，相比已经日渐成熟的微博、微信而言，短视频及直播无疑是获取粉丝的有效手段。目前微博封杀营销二维码，而且对一些诱导性的营销内容也明令禁止。微信亦是如此，而且由于微商在朋友圈的刷屏，导致微信公众号文章的点击率明显下滑。

而短视频以及直播则是帮助企业获得用户流量的有效手段，且几乎没有任何成本。一些企业举办直播活动时，通过主播对企业的公众号或者微博账号进行推广，很容易为企业增加数万名粉丝。但如果直接在微博或者微信上推荐，有时则难以取得明显效果。

短视频与直播当下仍处于初级发展阶段，如果等其发展成熟后，必定会对发微信号、微博号、二维码之类的行为进行限制，在目前这个短暂的空窗期，短视频与直播无疑是获取流量成本最低、效率最高的渠道。

◆ 短视频＋直播＋微商直营

缺乏互联网基因的传统企业尤其适合"短视频＋直播＋微商直营"模式。借助短视频及直播，可以快速高效地将粉丝引流至企业创建的社群中。传统企业可以利用短视频及直播的方式积累多个粉丝社群，然后安排专业人员负责对社群进行运营并推广产品。例如，企业积累 10 个拥有 3000 粉丝的私人微信号，然后成立一个 3 人团队负责对微信号进行运营。

从本质上看，短视频、直播及网红是企业获取粉丝的工具，通过社群将他们沉淀成为企业的忠实用户才是关键所在，如果粉丝缺乏黏性，将会导致企业相当被动。

◆ **渠道 + 粉丝**

"渠道 + 粉丝"是企业在移动互联网时代获取商业价值的关键所在，优质的渠道能让企业营销取得事半功倍的效果；而粉丝的重要性就更为重要，不但要积累粉丝，更要让他们成为企业的粉丝，而不是被网红所控制。在粉丝经济时代，粉丝就意味着价值变现的可能，只要能够为粉丝提供相应的个性化产品，就会有大量的粉丝买单。

4.1.4 秒拍 & 小咖秀：国内主流的短视频平台

◆ **秒拍**

2014 年 7 月，秒拍 4.0 版本正式上线（图 4-3），标志着秒拍完成品牌升级，开始启用全新的域名、LOGO 及 SLOGAN。据统计数据显示，秒拍的用户群体主要有 3 种：明星大 V、专业短视频制作者以及普通用户。

为了尽可能地满足不同用户的需求，秒拍对自身提供的服务进行了差异化调整，例如，针对希望借助秒拍进行营销推广的明星大 V 及专业制作者，秒拍提供 60 秒时长的长视频拍摄服务；对于普通用户，除了提供 10 秒的短视频拍摄服务外，还为他们提供热点资讯，在满足他们社交需求的同时，也让他们获取最新

图 4-3　秒拍 APP

的实时信息。

秒拍不但是生产短视频的工具，也是让用户发布并获取短视频的平台，而且明星大V的强大引流能力也为秒拍引入了大量的用户流量，为了满足这些群体需求，秒拍提供7×24小时的明星实时动态及热点推送服务。

通过与明星大V合作，秒拍为年轻用户群体制作了明星拍摄主题，而且在制作过程中邀请粉丝提供反馈意见及建议，在提升用户体验感的同时，更保证了这些拍摄主题能够充分满足用户需求。在这些粉丝的带动下，秒拍的用户活跃度得到了极大的提升。

为了使明星与粉丝之间的交流互动更为高效，秒拍为关注明星大V的粉丝提供信息推送服务，只要他们喜欢的明星发布了秒拍视频，就会第一时间向粉丝进行个性化推送。

在对用户数据进行了充分分析的基础上，秒拍对自身的产品及服务进行了一系列的优化调整，从而使用户能够真正沉淀下来，而不是像很多互联网企业一样用优惠活动来留住用户。

图4-4　小咖秀明星排行

◆ **小咖秀**

2015年5月13日，小咖秀推出了iOS版本的APP应用产品，当月单条搞笑视频平均播放量高达200多万人次，两个月后就成为国内市场APP Store应用下载量排行榜榜首。

小咖秀的功能简单而富有创意，用户可根据自己喜欢的音频进行对口表演，从而生成一段短视频。小咖秀之所以能在短时间内实现快速崛起，主要是因为它充分迎合了"90后"及"95后"的年轻群体热衷于自我表演的需求，而且与社会十分流行的搞笑文化高度契合，如图4-4所示。

通过充分展示自己个性的表演来娱乐自己及大众，是"90 后"及"95
后"群体的鲜明标签。而充分认识到这一点的小咖秀，为这一群体提供了
满足其需求的服务，让用户可以用各种夸张的表情来充分展示自己的个性，
并通过发布到小咖秀平台上与他人分享，拥有了大量的忠实用户，自然很
容易吸引合作伙伴。

简单易操作也是小咖秀相当火热的重要因素，其主要功能就是对口型
表演，而且为了让用户更加方便使用这一功能，在用户进行对口型表演时，
小咖秀还提供字幕支持，用户只需要选择一段自己喜欢的音频，并对着摄
像头参照字幕进行表演即可。

在大量时间与精力被各种各样的事物所占用的背景下，人们会在心里
排斥那些操作及功能比较复杂的产品，而简单实用的产品则会受到人们的
喜爱，并主动进行推广。简约美已经成为一种流行文化，无论是家居品牌
无印良品，还是服装品牌优衣库，是通过极致简约而取得巨大成功的典型
代表。

4.2 直播营销：如何借助直播提升销售转化率

4.2.1 圈粉实战：企业直播引流的 4 个步骤

微信微博之所以得到普遍应用，是因为它们能够满足用户的社交及娱
乐需求，直播形式也能对接用户此类需求，可谓应运而生。所以，近年来
涌现在市场上的直播平台成为人们追捧的对象，进入迅猛发展阶段。

部分经营者面对直播迅速发展的大势却不知该如何下手，甚至不知道
自己是否应该进军该领域。其实，无论是想从事平台运营，还是想借机推
广产品与品牌的经营者，都应该抓住时机果断出击。因为现在正是直播
发展的黄金时段，用户对直播的关注度也较高；且内容的供给尚未满足用

户的需求，所有在这个时期运营相关内容的参与者无疑都能从市场上分一杯羹。

以微信为例，在微信发展的初期阶段展开运营的自媒体参与者，如今已经积累了雄厚的实力，其中不乏上市企业。因此，企业经营者应该尽早探索与直播平台合作的机会，通过直播形式与用户进行线上互动，进行品牌推广和流量转化。

那么，怎样通过直播平台吸引用户、进行引流呢？总结为以下 4 个步骤，如图 4-5 所示。

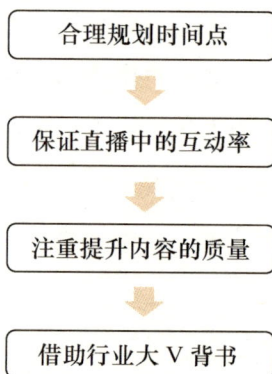

图 4-5　直播平台圈粉引流的 4 个步骤

◆ **合理规划时间点**

（1）合作确定后的准备工作

在直播前几天进行资源整合，组织现有资料，包括确立直播现场的互动原则、奖品赠送方式，还有其他相关问题。要保证直播效果，最好与 10 个以上的大规模社群达成合作关系，从而获得足够的支持。

（2）直播前一天的工作

直播前一天应聚焦于宣传环节，通过微信、微博、QQ 等多个渠道与用户进行互动，将直播主题作为话题中心，调动用户参与的积极性。

（3）直播前 30 分钟的工作

运营方需充分把握直播开始前的 30 分钟，因为直播的观众总体规模与直播启动时用户参与有很大关系，在提前与大型社群做好沟通工作后，在直播开始前 30 分钟将直播链接发送到社群平台，提高资源利用率，并促使用户进行二次传播。做到这一点，就能在直播开始后吸引大批粉丝前来观看。

◆ 保证直播中的互动率

话题选择对直播效果有很大影响，话题定位准确，就有了吸引点，能够调动观众的情绪。有了观众之后，还需提高其参与度与活跃度。为此，运营方应选择大众喜爱的人担任主播，采用广大用户易于接受的方式进行品牌推广。举例来说，可以让主播现场体验产品，与观众分享体验感受，就产品相关知识与观众进行讨论，提高用户对产品的认可度。

等到直播过半，不少粉丝会向主播赠送礼物，为了增强互动性，可以在这个环节进行创新，在收取用户赞赏的同时，也向粉丝用户发放奖品，引导用户关注自己的公众号。粉丝在受到感染之后，很可能将相关信息内容转发给他参与的社群，所以，运营方需充分认识到与粉丝互动的重要性。

在直播过程中，主播建议应关注以下两点：一，对粉丝用户提出的问题给予回复，保持双方之间的互动；二，直播中途会有新用户不断加入，主播需每隔一段时间强调话题中心，避免新入观众错过核心内容。

◆ 注重提升内容的质量

如今开展直播运营的人数不胜数，要想获得用户认可，就要使自己脱颖而出。内容决定一切，要想减少用户流失，就要输出高质量内容，在与用户互动的同时，满足用户对优质内容的需求，从而提高用户依赖性。如此一来，用户才会长时间驻足，并就自己的疑问向主播征求意见，对主播的回答给予认可，并通过打赏方式来表示自己的支持，直播效果也有了保证。

◆ 借助行业大 V 背书

行业大 V 拥有强大的号召力，如果直播平台能够与大 V 合作，就能充分发挥其个人影响力，在原有基础上进一步扩大信息覆盖范围，吸引更多用户的参与支持，直播效果甚至可以媲美行业中所说的爆点营销。

4.2.2　网红直播：企业直播电商的运营法则

在移动互联网飞速发展的今天，移动用户的总体数量也在不断增加，直播形式在社交领域的应用越来越普遍，随之而来的，是直播营销的出现与崛起。目前，大批品牌企业开始改变传统营销方式，进军直播行业，通过直播营销引起用户关注。但是，有很多商家对直播营销的了解并不全面，也不知道如何选择合适的直播营销方式。

视频直播平台经过一段时间的演化，最终进入全民直播时代：早期视频直播以计算机端为主导，形式为长视频，制作方式多为录播；随着发展，视频直播转移至移动端，时长缩减，直播形式代替录播。

另外，直播对内容生产的要求也有所放宽，更多的用户以传播者的身份参与到直播当中。移动互联网的普及、相关技术的发展，进一步方便了用户利用直播发布信息内容，越来越多的商家开始通过视频直播获取流量。

直播形式在社交方面的应用体现出其在信息传播方面的巨大优势，吸引了众多新媒体平台的参与。面对网络直播营销的快速发展，许多实力型品牌企业率先在该领域展开布局。从中可以看出，网络直播营销的潜力已经显现出来，并将在今后的发展过程中得到深入挖掘。

网络直播由于具有强大的导流作用，一时间成为众多品牌企业青睐的新媒体营销手段；即便如此，随着时间的推移，消费者的兴趣会逐渐减退，品牌直播营销的效果也将不甚理想。

以电商行业为例，网络直播能够提高用户的参与度，更好地展示商品，但很多商家只是片面地理解网络直播，对用户的把握也不够，通过网红直播进行的产品推广无异于传统模式下的电视购物。为了避免这种情况的发生，想要采用直播营销方式的品牌企业需要采取有效措施，通过直播形式使观众信任自己的产品与品牌，最终将其转化为自己的消费者，实现用户黏度的提高。

电商平台怎样才能通过网络直播营销在市场上占据优势地位？在联手网红与发展直播业务方面哪个更重要？下面，分析以下几个电商直播的优秀代表，对其经验进行总结。

【案例1】聚美优品：明星与粉丝互动，带动产品销量

聚美优品与偶像明星魏晨合作推出直播活动，其粉丝规模仅用 5 分钟的时间就上涨到 200 多万。在"聚美直播"中，魏晨与粉丝一起唱响聚美优品的推广歌曲，与粉丝用户进行互动，并向用户推荐了该平台的产品，极大地促进了产品销售。数据统计结果显示，此次直播的在线观看人数一度达 530 万，经直播推荐的 BB 霜也在 1 小时时间里售出 3 万支。

【案例2】惠氏奶粉：明星推广产品，提升营销效果

知名偶像明星吴尊曾带女儿参加真人秀节目《爸爸回来了》，成为观众瞩目的焦点。2016 年 5 月 28 日，淘宝平台联合吴尊开启直播活动，为惠氏启赋奶粉做推广。此次直播时间大约为 60 分钟，期间，吴尊带领用户参观了广告拍摄现场，并讲述了自己教育孩子的经验，此次直播促成的交易额达 120 万元，有 7 万多名用户进行了观看，单品转化率更是高达 36%，比普通营销方式的转化率高出 6 倍以上。

【案例3】小米 Max：创新直播玩法，吸引用户关注

小米在发布新产品后，联合 B 站进行新品推广，推出面向二次元用户的直播活动。为了突出小米新产品的续航能力，此次直播活动全天候进行，并邀请了许多名人与观众进行互动。除此之外，用户还可参与抽奖。此次直播的观众数量达 1800 万以上，有大约 700 台小米 Max 新品作为奖品发放给了用户，每日访客数量超过 200 万，在顶峰时期，其在线人数超过 10 万，就算是在晚上 24 点以后，仍有 1 万人以上在观看小米直播。

【案例4】聚划算：明星分享经验，提升购物转化率

聚划算于 2016 年 5 月 24 日邀请柳岩进行直播，有六大品牌作为活动主体在直播中得到推广。根据统计结果，直播启动后 5 分钟时间里，观看人数突破 1 万大关，柳岩在直播中与观众分享自己的购物心得，并向观众赠送礼品，1 小时的直播，促成 6 万单交易量，足以证明直播营销的影响力之大。

上述 4 个电商直播的代表性例子，都达到了营销目的，并取得了显著成就。这些直播营销活动，无疑都是做好了策划、资源整合、品牌合作等方面的准备后推出的，不仅与当红明星合作，还实现了自身产品与场景的结合，加上与观众的即时互动，在直播期间为观众提供了理想的产品体验，提高了观众的认可度及支持率，最终实现了流量变现。

从宏观角度来分析，直播营销包含许多元素。为直播所做的准备工作，直播过程乃至直播结束后的相关推广等，都会作用于整个直播营销的最终结果。为了达到产品及品牌推广的目的，在注重平台及主播选择的同时，还需做好传播渠道方面的布局与规划。

品牌企业在提前准备直播活动时，可联手网红明星、关键意见领袖，并通过官方平台发布推广信息，扩大用户接触面；直播活动结束后，可开展后续报道，再次引发用户的广泛讨论，为品牌树立良好形象。

此外，站在品牌商的角度来分析，为了出台完善的直播营销方案，可以与第三方营销平台合作，从而实现直播资源的整合，并可通过先进技术的应用，在大数据统计与分析的基础上制订体系化的品牌直播营销方案，抓住网络直播营销的黄金时期，达到甚至超出预定推广目标。

4.2.3　谨防陷阱：直播营销应避免的三大误区

作为移动互联时代一种创新性的营销路径，虽然越来越多的企业开始热衷于视频直播营销，但容易陷入以下三大误区，如图 4-6 所示。

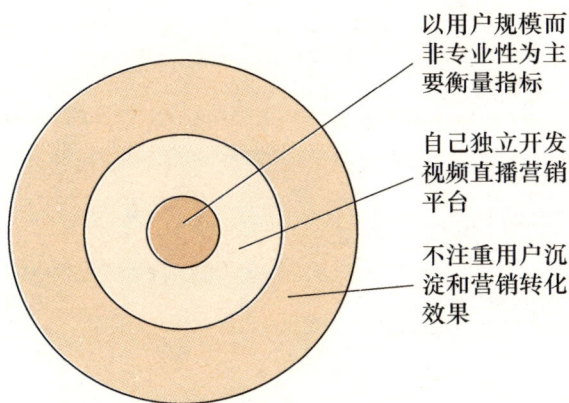

以用户规模而
非专业性为主
要衡量指标

自己独立开发
视频直播营销
平台

不注重用户沉
淀和营销转化
效果

图 4-6　直播营销的三大误区

◆ 以用户规模而非专业性为主要衡量指标

很多企业在进行视频直播营销时会选择用户众多的泛娱乐视频直播平台，如映客、花椒等。但是，对企业特别是垂直细分领域的企业来说，这些泛娱乐直播平台中虽然用户众多，但真正需要的精准受众并不一定很多。

因此，企业在第三方平台上的视频直播营销，看似受众广泛，实际上却是一种"虚假繁荣"，真正的目标受众并不多。同时，企业获取用户的多少受制于平台的推荐力度，这显然大大增加了用户沉淀和转化的难度。

借助第三方视频直播平台的直播会受到现场网络环境的影响，增加了直播营销的不可控性。例如，从移动互联网当前发展状况来看，大型发布会现场的 Wi-Fi 网络经常出现信号不稳定的情况，移动网络更是常常堵塞，这会造成视频直播时出现卡顿、掉线的问题，从而极大影响用户的观看体验。

因此，与泛娱乐直播平台相比，企业视频直播营销更适宜的合作对象是专业的高清视频直播服务商，可以借助其视频传输技术有效解决直播过程中的卡顿、掉线问题。

乐直播在卡顿等问题的解决方案中包括三大技术：一是图像碎片化，将每秒的视频转化成 24 帧图片之后进行碎片化传输，以保证网络信号较差的情况下依然可以照常传输视频；二是多链路传输，即在专门开发的直播盒子中同时插入 4 张不同运营商的上网卡，从而保证了只要有任何一家运营商的网络通畅，视频都可以顺利传输；三是云端合并，即在碎片化的图像传输到云端后，相关软件将自动快速合成视频，然后通过平台对外直播。

通过这三大技术，乐直播成功解决了当前视频直播中容易出现的卡顿等痛点，为受众带来更清晰流畅的观看体验。

◆ 自己独立开发视频直播营销平台

有些企业在涉足视频直播营销时采用自建平台的方式，这不仅会大大增加营销成本，而且由于企业自身对视频直播的"玩法"并不十分了解，也很容易在平台运营中出现各种问题。

实际上，随着视频直播营销模式的快速崛起，当前市场中已出现了十分成熟的帮助企业搭建视频直播平台的一站式视频直播解决方案厂商。如乐视云旗下的乐直播，能够基于不同行业和企业的具体诉求，为企业提供个性化的视频直播解决方案，如图 4-7 所示。

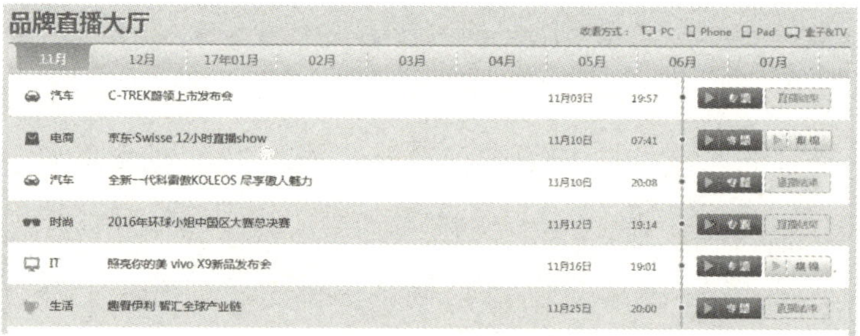

图 4-7　乐直播的品牌直播大厅

乐直播官网显示，当前该平台已成功帮助汽车、房地产、互联网等多个领域的企业进行了视频直播营销，如与帕萨特、众泰等汽车厂商合作推出的直播发布会，与恒大雅苑合作直播三对三篮球赛等。

在成本上,这些单个视频直播营销的合作项目最低费用甚至只有 1 万～2 万元,远低于企业自建视频直播平台的投入,是一种性价比更高的直播营销路径。

◆ **不注重用户沉淀和营销转化效果**

视频直播营销不只是一种时髦的营销玩法,更是能够真正为企业创造价值、带来实际效益的创新营销模式。因此,企业不应将视频直播营销只是看作一种吸引眼球的噱头,而是要积极探索能够实现品牌传播和营销转化的有效路径。

特别是对于销售型的企业来说,最适宜的方法不是花费大的代价邀请网红到现场制造氛围、吸引眼球,而是针对精准用户的具体特质,为他们提供高清且能够参与其中的视频直播平台,让企业的真实受众参与到视频直播营销互动过程中,如此才能真正借助视频直播营销实现用户沉淀和营销转化。

乐直播对帕萨特新车华北上市峰会进行视频直播,并借助微信朋友圈传播分享,最终聚集了近 10 万精准受众观看。再如,乐直播与山西本土家具品牌黎氏阁合作直播品牌两周内庆活动,用户不仅可以在微信上直接观看直播内容,还可以在此过程中参与幸运转盘抽奖活动。

这种嵌入个性化、趣味性互动插件的方式,大大激发了受众与品牌的互动热情,进而提高了品牌的营销转化率。

4.2.4 欧莱雅＆杜蕾斯:直播营销的实践启示

2016 年后,国内的直播形式发展迅猛,越来越多的直播软件出现在市场上。2016 年 3 月巴黎时装周期间,范冰冰在美拍直播 1 小时,吸引了众多粉丝观看,自此拉开了明星参与直播的帷幕。

到 2016 年 5 月,有统计结果显示,每天新上线的直播 APP 多达 8 款,直播平台之间展开激烈的竞争。当其他平台仍然以用户和内容为竞争焦点时，直播平台抢得发展先机，开始趋向于商业化发展方向。随着该领域的发展，采用直播形式进行产品营销与推广的例子也不断增多，包括网红、偶像明星、品牌等在内的参与方发现了直播领域蕴藏的发展潜力，开始涉足直播行业，并推出形式各异的营销方式。

　　小米的创始人雷军首次参与直播后，就被这种有趣、新鲜的形式所吸引，关于直播的认识，与其抱有同样看法的还有很多名人，包括 facebook 的创始人扎克伯格。不可否认的是，大部分人在接触直播之后，会被其新鲜感所打动，而通过直播形式进行的营销，主打的也是新鲜有趣，这一点能够在 2016 年产生的几个代表性直播营销案例中体现出来。

　　【案例 1】欧莱雅、《ELLE》直播，商业转化与粉丝效应的双赢

　　在 2016 年 5 月举办的第 69 届戛纳国际电影节上，国际知名品牌欧莱雅通过美拍推出名为"零时差追戛纳"的直播活动，以直播形式带观众走进戛纳电影节现场。此次直播的商业化价值体现在当天李宇春使用的欧莱雅旗下的 701 号 CC 轻唇膏大受欢迎，天猫的同款产品在直播开始 4 小时后销售一空。

　　除了产品营销之外，很多媒体还通过直播形式使明星的粉丝效应得到充分发挥。直播参与方中不乏以《ELLE》为代表的各大时尚媒体。其实，早在 2016 年 3 月，该杂志就联手美拍，对范冰冰的巴黎时装周之旅进行了长达 60 多分钟的直播，其美拍账号的粉丝数量迅速上涨了 10 万，而范冰冰此次的直播，也成为明星进驻直播领域的标志。

　　以范冰冰直播为开端，众多偶像明星纷纷参与直播活动，如周杰伦、李冰冰、井柏然、宋仲基等明星，还有以 papi 酱为代表的网红群体，在很多直播平台中露面。

　　分析欧莱雅与《ELLE》进行直播的案例不难发现，从品牌的角度来说，直播能够促使其进行商业转化，达到营销目的；对媒体而言，则可通过直播吸引用户关注；从明星与网红的角度来说，直播便于他们与粉丝进行即时交流，从而获取更多粉丝的支持。

【案例 2】杜蕾斯产品直播营销，争议较大但引发足够关注

对于这个营销案例的看法，业内人士褒贬不一。杜蕾斯推出 Air 空气套之后，先是开展了长达 7 天左右的影响力打造，吸引了众多目光，之后，公司又于 2016 年 4 月 26 日晚 21 点举办了一场百人直播活动，但是，包括专业研究者及观众在内的大众群体没有认同此次杜蕾斯营销，认为其内容不符合杜蕾斯以往的营销水平，官方部门也介入此事件，不允许相关视频继续播放。

然而，立足于营销动机的角度分析，杜蕾斯此次联合包括 bilibili、斗鱼、优酷等在内的六大平台进行新产品的营销，其浏览量达到 500 万，不仅如此，还激起人们热烈的讨论，从关注度上来看，此次营销是成功的。

【案例 3】美宝莲等的直播营销，吸引更多用户关注

相比于杜蕾斯，美宝莲在推广新产品"唇露"时同样采用了直播，该品牌的成功之处在于，不仅有效规避了品牌形象可能带来的负面影响，还切实达到了理想的商业转化效果。数据统计结果显示，此次直播直接促成了 1 万支新产品的出售，美宝莲从中获得 142 万元的销售收入。

小米的直播营销也十分具有代表性，2016 年 5 月 10 日，小米发布新产品米 Max，为了展示该产品的超长续航能力，小米于发布会之后联手 bilibili 开启直播，其在线观看人数达 2000 万以上，与以往的新品发布及展示方式相比，直播形式能够吸引更多关注，覆盖范围更大。之后，小米的无人机产品也是通过直播形式面向市场的。

此外，唯品会在与偶像明星周杰伦签约合作时，也采用了直播形式报道，吸引了众多用户的关注，给唯品会的发展带来积极影响，根据唯品会 2016 年第一季度财报，其活跃用户数量同比增长幅度超过 50 个百分点。如今，直播形式在产品发布中的应用越来越普遍。

4.3 引流变现："直播＋电商"模式的探索与实践

4.3.1 引流与转化：直播与电商的有效结合

在变现方面具有明显优势的电商与引流能力十分突出的视频直播的融合，无疑给了我们无限的想象空间。但对于直播与电商而言，二者都有着各自的特征，要让其产生良好的化学反应，首先要找到二者的结合点（图 4-8）。

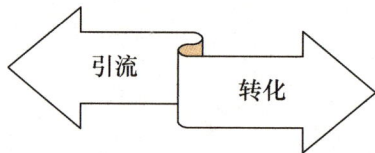

图 4-8　直播与电商的两大结合点

（1）引流

直播是一种实时流媒体视频传播方式，能够借助具备优质内容生产能力的主播吸引海量的用户流量。而引流就是通过直播内容及个性化推送等方式将用户吸引至电商平台。

（2）转化

消费者在购物时，从最早的接触信息到最终交易支付，中间会有很多影响消费决策的因素。要想通过直播有效提升转化率，首先需要做的就是了解用户观看直播的路径，并明确他们在不同路径节点的差异化需求，从而通过满足这种需求来促进用户消费。根据电商平台中的用户购物目标的差异，在此将用户分为以下 3 种类型。

目标明确型用户：搜索

这类用户有着直接的购物目标，他们进入电商平台后往往就是直接搜索或者根据平台划分的品类选择自己想要购买的商品，而直播所扮演的角色就是为这类用户提供更为全面系统的信息，从而帮助消费者更为科学地进行决策。

半目的型用户：搜索 + 逛

此类用户的购物目标较为模糊，如想要购买一台计算机，但不知道要选择什么品牌、什么配置、什么价格等，此时他们就会在电商平台上进行搜索并一个个的点击，通过搜集并对比产品信息来进行消费决策。此时，直播就是负责向用户推荐并展示产品详细信息（在功能上相当于导购），从而有效提升转化率。

无目的型用户：逛

此类用户通常没有明确的购物目标，仅是简单地闲逛，当然如果有让他们满意的产品可能就会购买。例如，用户了解到自己喜欢的主播正在进行直播，或者喜欢的某个品牌举办发布会，从而进入直播间以及电商平台，此时直播的作用就是尽可能地激发用户购买欲，通过传播产品的价值来吸引消费进行购买。

事实上，在这 3 类用户之中，直播可以发挥明显作用的就是半目的型用户及无目的型用户，因为目标已经明确的用户的消费决策通常很难被改变，而这两类用户则更容易受到影响。所以，通过直播与电商融合来获取价值的关键就在于，通过直播将半目的型用户与无目的型用户转化为实际购买者。

4.3.2 运营与变现：提升电商的销售转化率

直播所具备的实时互动的特征，决定了它必须输出优质内容才能留住用户。而营销人员要考虑的应该是帮助用户获取他们感兴趣的优质直播内容，促进用户与主播进行交流互动，从而提高转化率。具体来看，直播过程中，可以通过以下几种方式来提升电商销售转化率。

◆ 信息传递

直播以实时的视频及音频内容为用户传递信息，和其他的传播方式相比，直播信息更为真实、时效性更强，但直播的信息也存在着明显的短板——在一定时间内（时间长短取决于营销内容的规模），主播与用户必须同时在线。

在移动互联网时代，人们的时间愈发碎片化，品牌商可以花钱要求主播长时间在线进行推广，但对用户无能为力，从而很容易造成用户获取的营销信息不完整。而且主播为了留住自己的粉丝，必然不能多次直播重复性的内容。因此，让主播更为高效精准地向用户传播营销信息就显得尤为关键。

◆ 聚合信息提高信息传达效率

考虑到直播的实时传播特性，为了提升其信息传递效率，我们不妨尝试在不影响观看体验的基础上，对那些用户较感兴趣的内容进行聚合固定展示，从而提升信息的覆盖范围。

直播传递的信息主要包括两种类型：固定信息与实时信息。前者是直播客观存在的信息，如直播的主题、主播个人信息等；而实时信息则是在直播过程中产生的，会因为用户的反馈、主播个人的情绪变化等而发生变化的信息。所以在直播过程中，根据信息特点的差异，我们可以对固定信息进行固定展示，对实时信息进行机动展示。

套用叙事时所包含的 5 种基本要素，直播间的信息可以分解为以下几种。

第一，时间。因为直播是实时传播，所以它的时间可以用当前的直播状态来代替，让用户感受到这里传播的内容是实时直播的。

第二，地点。主播所处的环境，为了有效提升营销内容的真实性及有效性，让主播在线下门店或者产品生产车间内进行直播，往往会起到好的作用。

第三，人物。主播的个人信息，主播负责对直播内容进行传播，而展示主播的个人信息可以提升用户的信赖感。例如，如果进行直播的主播是育儿专家，其推荐的母婴商品必然会更容易被妈妈群体所信赖。

第四，事件。直播中的事件就是直播的主题，和普通的秀场直播、游戏直播所不同的是，电商直播通常会围绕某一个固定的话题传播有关信息，如主播带领用户参观某家品牌商的生产车间等。固定话题的存在能够让用户更加简单快速地了解直播内容，并延长用户的观看时长。

第五，经过。直播中的经过指的就是直播内容，由于直播存在着许多实时信息，我们可能很难对内容进行精准预测，但在某一时间点内用户较为关心的话题，可以通过大数据分析来获取，从而帮助商家更为高效精准地进行营销推广。

◆ 互动方式

电商中的直播互动主要是指主播与用户之间的互动，它是一种一对多的互动方式。用户互动需求主要包括以下 4 个方面，如图 4-9 所示。

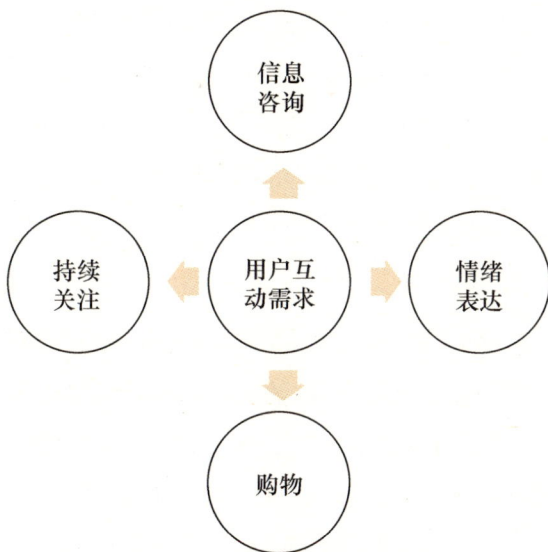

图 4-9　用户互动需求的 4 个方面

第一，信息咨询。直播时，用户对自己不明白的地方会向主播进行咨询，这是一种最为基本的互动需求。可以发送弹幕，也可以实时连麦。

第二，情绪表达。用户对直播传播的内容表示认可或反对时，就会以文字、表情、赠送虚拟礼物等来表达自己的情绪。

第三，购物。观看直播的过程中，用户被某件商品所吸引，就会向主播询问购买链接或者线下门店地址等。

第四，持续关注。用户对主播的个性及传播的内容感到认可，就会通过点击关注等方式在以后有时间时继续观看直播。

◆ 让直播间的互动更简单

为了不影响用户的观看体验，企业应该避免对主播传播的主体内容进行较大幅度的调整，所以电商直播要重点关注以下 4 种互动方式。

第一，评论及反馈。让主播与用户能够进行实时交流互动。

第二，提供购物链接或线下门店地址。这能有效提升直播转化率。

第三，点赞。是一种用户低成本地支持主播的有效方式。

第四，关注。提升用户黏性，促进二次购买甚至终身购买。

◆ 让商品离用户更近一点

由于用户与主播之间存在着较强的互动关系，为了能够增加商品的曝光率，在不影响用户体验的基础上，企业可以在主播对产品进行营销推广时提供更多的关联产品信息，引导用户搜索并了解更多的商品信息。如主播向用户介绍一款手机时，可以让营销人员在直播间内提供购买入口，不但能够提供用户购物体验，而且能够为企业创造更高的利润。

◆ 购物氛围营造

要让用户真正购买，塑造优良的购物氛围就显得尤为重要。一般来说，塑造直播过程中的购物氛围主要有以下 3 种方式。

第一，热闹：大家都在看。直播间的人气越高对用户的吸引力就越大，直播间较高的弹幕、点赞、关注数量能有效提升直播间的人气，从而为直播间创造火爆的氛围。

第二，抢购：大家都在买。直播间将很多不同地区、不同年龄的用户聚集起来，成为一定规模的群体，而利用很多人的从众心理，就可以很好地提升转化率。如将多少人已经购买，商品剩余数量等信息实时展示出来，让用户感觉大家在争相抢购。

第三，优惠：一种"捡到钱"的感觉。在信息过载时代，人们对某件事物或某条信息的关注时长大幅度降低，而直播无疑是一个相当耗费时间的娱乐方式。如果让用户能够持续观看电商直播，就需要给予他们一定的优惠，通过为他们创造更多的价值来实现价值最大化。

4.3.3 案例实践："直播 + 电商"模式的探索

直播无疑是 2016 年的一个新风口，而变现能力极强的电商与直播的结合让人充满期待，但对于具体的"直播 + 电商"模式如何落地，业内人士并没有给出一致的答案，不过一些行业先行者目前已经在该领域取得不错的成绩。下面将选择几个代表性较强的案例进行分析，从而为相关从业者提供借鉴经验。

◆ 波罗蜜：最早试水"电商 + 直播"模式

作为国内最早探索"直播 + 电商"模式的波罗蜜于 2015 年 7 月上线直播板块，并将直播作为有效缩短自身与用户之间的距离，提升用户黏性及转化率的核心所在。波罗蜜有效解决了传统跨境电商模式中的信息不对等、假冒伪劣商品横行的痛点。

在创建初期，波罗蜜通过直播对商品进行营销推广，并建立 QQ 群及微信群对用户关系进行维护，平台上线一周，就获得了 14 万名用户，而上线两个月时，其营收就突破 1000 万元大关。

◆ 淘宝：借助平台优势与直播强强联合

虽然淘宝直播模块直到 2016 年 5 月才正式推出，但其仅用几个月的时间就取得了不错的发展效果。淘宝直播多次刷新了直播电商领域的新纪录。

2016 年 6 月 14 日，周大生、聚划算、佰草集及楼兰蜜语等多家品牌商在淘宝平台上试水直播电商，并邀请了明星柳岩担任主播，一天就达成了超过 6 万个订单。

2016 年 4 月，美宝莲纽约在淘宝平台上对其发布会进行直播，并邀请了明星 Angela baby 及 50 名美妆网红进行了同步直播，仅一件口红单品就在 2 小时的时间里销售了 1 万支，交易额超过 140 万元。

村淘网红在淘宝上进行的直播，开播后仅几秒钟，4 万枚土鸡蛋就被观众抢购一空。

网红雪梨对其淘宝店铺的一次上新进行了直播，观看人数超过 6 万人。直播时推荐的衣服商品，每个单品都销售了超过 1000 件。

◆ **唯品会：以体验式营销充分发挥直播优势**

每年的 6 月是国内传统电商平台进行大力促销的时期，和很多电商平台在线下媒体及线上媒体对消费者进行狂轰滥炸式的推广营销不同，2016 年 6 月 15 日，唯品会在北京世贸天阶搭建了一个纯玻璃体验房，并邀请了多位明星网红进行了一次长达 12 小时的生存挑战活动。而最让资深营销从业者感到震撼的是，直播过程中的每个细节都被巧妙地植入了"616"年中大促信息。

此次唯品会举行的直播活动，没有采用传统的明星网红站台式的营销推广，而是为广大消费者奉献了一次好玩有趣的体验式营销，在吸引了超过 1500 万人观看的同时，更在微博、微信等社交媒体平台上产生了海量的曝光量。更为关键的是，世贸天阶本身就是一个高端时尚娱乐场所，通过活动能够影响周边超过 10 万名优质消费群体。

从上述案例来看，将直播与电商融合后，传统的购物平台就成为一个集购物、交友、娱乐、媒体等诸多功能为一体的综合性平台，这不但有效提升了用户的购物体验，而且更好地留住了用户，为企业打造闭环生态打下了坚实的基础。

第 5 章

情感营销：
体验经济时代的品牌变现法则

5.1 情感经济：从感官营销到情感营销的品牌进化

5.1.1 情感营销：以情感赢得消费者的心智

随着全球化进程的加快，品牌经济时代已经来临，一个成功的品牌能为企业或当地经济带来任何有形资产都无法赶超的产品溢价力与影响力。对于地方来说，品牌是标志；对于企业来说，品牌是根基，是提升竞争力、抢占市场的有力武器。过去，品牌就是一个 LOGO，一个符号，一句口号。但现在，品牌战略早已脱离了这种形式化的内容，实现了创新，呈现出了多样化的特点。在众多品牌营销方式中，感官营销与情感营销是最重要的两种方式。

其中，感官营销就是以人最基本的 5 种感官（视觉、嗅觉、听觉、触觉、味觉）为核心构建的一种营销策略。事实上，感官营销在很早之前就已显现出了巨大的能量，只不过没有被人发现而已，其中最典型的案例就是可口可乐塑造的红色圣诞老人形象。

可口可乐的品牌颜色非常鲜明、稳定，就是红与白的任意搭配，这种颜色搭配使圣诞老人的形象得到了彻底的改变。但事实上，最原始的圣诞老人的衣服颜色并不是红色，而是绿色。20 世纪 50 年代，可口可乐借助红衣服的圣诞老人进行产品宣传，直到今天，世界各地的圣诞老人的颜色是红与白，是可口可乐的颜色。

现如今，在红与白的肆意混搭、可口可乐动感丝带等元素的共同作用下，可口可乐建立起了一种独特的品牌形象，该形象在全球的影响力保持了 50 年之久，将感官品牌的影响力充分展现了出来。

除了视觉之外，嗅觉也经常被用于感官营销，因为气味具有激发回忆的功能，如爆米花的香味能快速激发人童年的回忆，带领人快速进入童年等。

情感营销就是围绕顾客的个人需求与情感，借助心理沟通与情感交流获取顾客偏爱，增强顾客依赖，拓展市场份额，提升核心竞争力的一种营销方式。 对于情感营销来说，其成功的关键就在于是否了解顾客的心理需求，最实用的方法就是以构建、完善客户关系为基础，从各个视角出发与顾客进行深度沟通。

这两种营销方式原本既独立又统一，却在现有的各种研究中被分割开，彼此互不干扰。在现今全媒体时代，感官无限延伸，情感营销与感官营销不断趋近、融合，在拟人化的感官营销的作用下，情感营销的品牌个性得以有效塑造。

在多年之前，哈药六厂的一条"妈妈，洗脚"的公益广告引发了广泛关注，谈及这条广告想必很多人记忆犹新。晚上，劳累的母亲给孩子洗完脚之后又端水给自己的母亲洗脚，这一幕被孩子看到之后，孩子就效仿母亲端水给自己的妈妈洗脚，一边走一边说："妈妈，洗脚！"

这条只有一分钟的公益广告打动了很多人，给受众留下了深刻的印象，被评价为最朴实、最扣人心弦、最成功的广告等。这条广告成功的背后蕴藏的就是情感营销的力量。中国人信奉"百善孝为先"，这条广告紧抓"孝"字，以情感诉求的方式引发了国人内心的情感共鸣，得到了国人的高度认同。

市场营销有很多类型，情感营销就是其中一个小分支。具体来讲，情感营销指的就是在产品相对成熟阶段，将情感附加在品牌上，增加品牌文化，在产品营销的过程中将品牌的核心情感释放出来，并将其与产品的功能性需求、概念需求相结合，让消费者深受感动，使产品在稳定上升期呈现出爆发式的增长。

事实上，情感营销并不是碎片化时代的产物，它在社会发展的过程中无处不在，只不过在碎片化时代得到了广泛应用而已。现如今，各行各业都在营销的过程中加入了情感要素，尤其是一些大品牌更是将情感营销视为主流的营销方式，以期通过情感诉求增强企业与顾客的交流，让品牌得到顾客的广泛认同，让产品得到顾客的喜爱，增强顾客的忠诚度。

自进入碎片化时代以来，市场环境也发生了较大的改变，表现出了很多新特点。首先，受众需求日益个性化。其次，信息越来越多，受众的注意力被分割，难以专注、持久。再次，受通信工具的影响，时间被分割；受搜索引擎的影响，知识被分割；受社区网站的影响，网友被分割……碎片化特征愈加明显。

大众传媒被分割成数量巨大的碎片市场，引发了强烈的长尾效应；商品市场也被分割，使消费者需求更加细化，呈现出个性化、多样化的特点。自进入碎片化时代以来，市场竞争日益激烈，消费者需求愈加多样化，商家想要获取消费者的注意力，不仅要打造优质的产品，还要创新营销模式，借助情感营销大打情感牌，以情感诉求来赢得顾客认同。

5.1.2　营销路径：实现情感营销的 4 个方面

随着消费形态的改变，我国的经济模式历经农业经济—工业经济—服务经济转向了体验经济。随着体验经济的到来，企业营销开始转变为体验营销。在各种体验营销战略中，感官营销是一种非常重要的模式，备受关注，吸引了国内外众多学者研究，其研究重点主要集中在感官营销在实施的过程中应注意的问题，影响感官营销发挥作用的因素等方面。

具体来说，感官营销指的是经营者在市场营销的过程中，以产品性质与特点为依据，营造一种集 5 种感官于一体的感官刺激，将品牌内涵、产品特点等内容传播出去，激发受众购买动机，增加产品附加值的一种营销模式。感官营销与传统的硬销售模式不同，它在应用的过程中从视觉、嗅觉、听觉、味觉、触觉等维度注入体验成分，形成了软沟通。

情感营销指的是企业围绕受众需求与个人情感差异打造品牌营销战略，在情感包装、情感广告、情感促销、情感设计、情感口碑等一系列策略的支持下促使企业的经营目标得以实现。情感营销的主要目的是在产品相对成熟阶段为品牌注入情感，增加核心文化，在营销的过程中将品牌的核心情感能量释放出来，在产品功能性需求、概念需求的共同作用下，激发消费者的购买欲望，推动产品销量稳定上升，呈现出爆发式增长。

巴里费格教授是将情感与营销结合起来的第一人，他将情感与形象视为营销的能量之源，并将了解、满足顾客需求构建战略性的产品模型视为现代营销成功的关键。菲利普·科特勒则对人类的消费行为进行了划分，将其概括为 3 个阶段：一是量的消费；二是质的消费；三是感性的消费。

随着经济的发展、生活水平的提升，人们的消费需求逐渐呈现出多样化、差异化、情绪化、个性化的特征，情感消费时代已悄然来临。现阶段，国内关于情感营销的研究多集中在情感营销产生的背景、表现方式、内涵、策略等方面。在情感营销的细分领域，研究者多将研究目光聚焦在情感广告、情感消费等方面，关于消费者效用、情感营销文化的研究则相对较少。

国内学者关于情感营销表现方式的研究结果较为统一。一般认为，**情感营销的表现方式有 4 种，分别是情感包装、情感口碑、情感设计和情感公关**。在这 4 种方式的作用下，企业有效地激发了顾客潜在的购买欲望，使企业的经营目标得以有效实现。通常来说，情感营销的实现要从以下 4 个方面着手（图 5-1）。

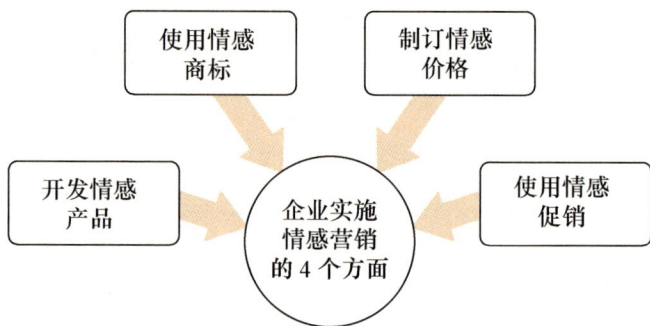

图 5-1　企业实施情感营销的 4 个方面

（1）**开发情感产品**。情感产品不仅要具备基本的使用功能，满足顾客的生理需求，还要满足顾客的心理需求与情感需求。

（2）**使用情感商标**。设计好产品商标，以诚挚丰沛的情感吸引消费者，感动消费者，建立品牌忠诚度。

（3）**制订情感价格**。情感产品价格的制订要摆脱商品原有的价格，在情感上予以倾斜，稳定其与重点客户之间的关系，增强顾客的忠诚度。

（4）**使用情感促销**。情感促销的方法有 3 种，分别是制作情感广告、提供情感环境和实行情感服务。

制作情感广告：在品牌与顾客之间引入情感，让企业对维系品牌与客户的感情原则保持高度关注，以获取高忠诚度的顾客。

提供情感环境：让产品体验代替广告营销，营造一种环境让顾客拥有真实的产品体验，以激发顾客的购买欲望。

实行情感服务： 秉持让情感服务体现更多产品价值的观念让价值替代价格；秉持只有优秀的员工才能为顾客提供优质服务的理念让员工替代顾客。对于企业来说，员工是最原始、忠诚度最高的顾客，企业要想让员工重视顾客，将顾客放在首位，先要重视员工，将员工放在首位。

5.1.3 极致体验：消费升级时代的情感通道

相传统营销，感官营销带给消费者的体验更加丰富、全面。传统的营销渠道较为单一，仅局限于视觉、听觉两大渠道；感官营销的渠道则较为丰富，涵盖了视觉、嗅觉、听觉、触觉、味觉等多条渠道。随着科技的迅猛发展，三星、通用、苹果等企业开始采取各种手段升级体验服务，并将其与情感营销相结合，推动消费者做出购买决策。体验营销的四大策略如图 5-2 所示。

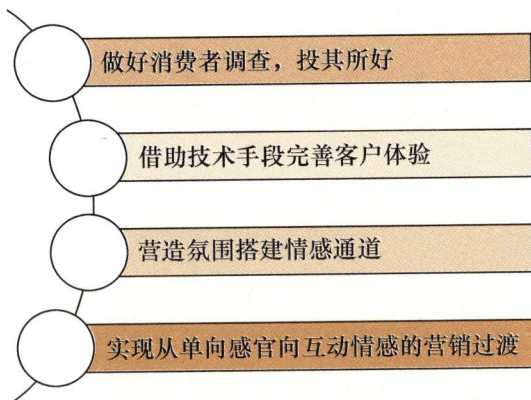

做好消费者调查，投其所好

借助技术手段完善客户体验

营造氛围搭建情感通道

实现从单向感官向互动情感的营销过渡

图 5-2 体验营销的四大策略

◆ **做好消费者调查，投其所好**

巧克力生产企业 Mars 食品在推出颜色 M&M 巧克力豆之前开展了一项消费者调查工作，调查内容主要是顾客最喜欢的巧克力的颜色是什么？很多被调查者一致选择了蓝色。于是，Mars 食品最终推出了蓝色 M&M 巧克力豆，使产品销量大增。

Mars 食品的成功之处在于它利用产品颜色成功吸引了消费者的注意力。除产品颜色之外,产品及产品包装的外形同样能达到吸引消费者注意力的目的。对此,某食品制造商做了一项研究,研究对象是两种装蛋黄酱的容器。研究者将同一种蛋黄酱装入两只形状不同的瓶子里,这两个瓶子上张贴着一模一样的商标。其中一个瓶子中间细、两头窄,一个瓶子瓶颈细长,底部呈球状,酷似魔鬼瓶。研究者就消费者更喜欢这两个瓶子中的哪一个展开调查,结果消费者更喜欢第一个象征了女性曲线美的瓶子。

一个形象的树立要分两个阶段完成。第一阶段,企业要将产品或品牌的特性、特点、价值、内涵以生动形象的方式展现在顾客面前,为顾客提供一个直观的感受,以此为基础顾客才能根据自己的理解与已有的情感、体验相联系,生成对该产品或品牌的整体印象,并做出判断,这样产品或品牌形象的树立就进入了第二个阶段,在这个阶段,产品或品牌在顾客心目中的形象得以确立。

◆ 借助技术手段完善客户体验

在很多情况下,顾客判断某个产品质量好坏的依据就是其在使用过程中发出的声音。基于此,通用汽车对关门声音带给顾客的听觉感受与质量感知进行了反复研究,来优化通用汽车的关门声效,以完善顾客体验。

除声音之外,企业或商场还经常使用气味来满足顾客需求,引导顾客购买某种产品,从而改善顾客体验。例如,超市经常喷洒一种类似于新鲜出炉的面包的气味来刺激顾客的购买欲望;国内知名品牌恒源祥与世界权威嗅觉味觉研究机构 Modell 合作,希望 Modell 能为其开发出一种独有的气味,让顾客不仅能从触觉上感受到恒源祥的产品,还能从嗅觉上闻到恒源祥。

在技术手段的帮助下,未来品牌传播将逐渐摆脱媒体发布广告这种形式,试图与受众直接进行沟通与交流。这就表明品牌主必须增强其理解能力,充分理解持有多样化需求的受众,对于品牌来说,这既是机遇,也是挑战。品牌要想深入了解受众,必须以大数据与社会化网络作支撑,否则一切都是空谈。所以，品牌要想做好受众的了解工作，必须抓住目标用户群，主动拥抱新技术。

◆ 营造氛围搭建情感通道

研究发现，顾客情绪受某些气味的影响会变得轻松、愉悦，购物时间会延长，购物数量会增多。Alan Hirsch 博士研究发现，如果某专卖店喷洒一些带有花香的气味，能有效延长顾客的停留时间，增加交易的达成率，提升顾客的满意度。三星集团在运营的过程中将享受型气味的使用做到了极致，纽约旗舰店就常年弥漫着哈密瓜的甜香味，运营者认为这种味道能帮助顾客放松身心，放飞思绪，从而增加交易的达成率。

除气味之外，音乐也能帮助顾客放松身心，如果某书画店播放一些和缓清雅的古筝、古琴旋律，就能让顾客更加投入，从而延长顾客的停留时间，提升成交率。

营销氛围的构成要素有很多，如服务人员、背景、装潢、气味、商品陈列等，是一种具有综合性、动态性的营销环境，能通过感知顾客感官来影响顾客的购买决策。由于顾客的购买行为具有冲动性、可诱导性、易变性等特点，经常受特殊环境氛围的影响做出冲动的购物决策。因此，企业要营造良好的营销氛围来激发顾客的购买欲望，强化其消费动机，增强其满足感。

◆ 实现从单向感官向互动情感的营销过渡

人类是一种拥有丰富情感的生物，有与世界联系、与他人联系的需求，在人们为生存、成功、实现自我而做出的所有努力中，情感所发挥的作用非常巨大。因为情感，人们的生活才有了意义；也正是因为情感，人们的内心需求与日常行动才能联系在一起。只有以情定位，在情感的作用下让企业与顾客相连接，抓住顾客情感上的兴奋点，引发共鸣，才能让消费者接受产品。

经研究发现，通常情况下，感官营销是商家的一种单向传输活动，视觉冲击也好，视觉美感也罢，需要顾客进行亲身体验，以引发顾客的情感共鸣，与顾客产生互动，延长顾客的停留时间，提升成交率。从这个层面来讲，感官营销也可视为情感营销，在感官因素的作用下，情感营销更能引发产品与消费者的共鸣。

例如，苹果公司在 iPhone4s 手机推出之后在手机中增添了一个新功能——Siri。Siri 类似于一个智能机器人，能帮用户查询天气、交通状况，还能与用户交流、开玩笑。在该功能的引导下，营销活动顺利地进入了互动时代。

将互动引入品牌营销能产生以下几大益处：

第一，在互动营销时代，用户主动参与营销活动，在完成深度体验之后能对其他用户产生广泛影响；

第二，在很多情况下，用户参与互动源于兴趣，由此获取的数据具有深度、有效的特点，可以通过前端数据库的设置来完成购买转化，为以后的产品设计提供有效借鉴；

第三，可以借助机制设置、互动环节设置来引导一般用户、普通用户朝深度体验用户、潜在用户转化。

5.1.4 案例实践：从感官到情感的体验营销

感官营销到情感营销的转变体现了新时期品牌营销的发展路径，以桔子酒店为例，我们来对创新品牌战略的营销步骤进行探究。桔子酒店的品牌灵感来源于美国加州的桔子郡，该郡是美国非常著名的富人区，但和奢靡的佛利山庄相比较，桔子郡更加崇尚简约、自由、随意、时尚、开放的氛围。我国的桔子酒店与美国桔子群的理念一致，体现了简约、时尚的氛围。桔子酒店的感官＋情感营销体验模式分为以下 5 步完成，如图 5-3 所示。

| 视觉冲击与视觉美感 | 以听觉和嗅觉来营造氛围 | 触觉感受 | 味觉享受 | 情感营销 |

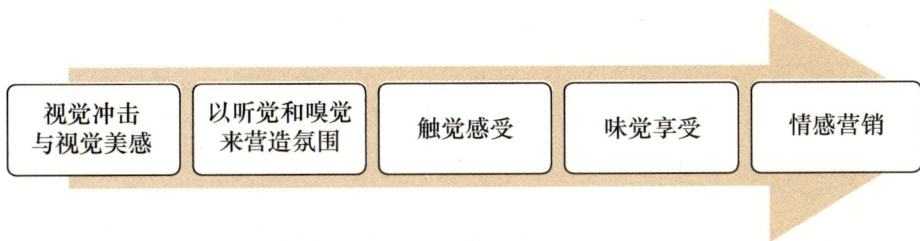

图 5-3 桔子酒店的"感官＋情感"营销体验模式

◆ 视觉冲击与视觉美感

　　桔子酒店中弥漫着浓郁的艺术气息。桔色的楼体外观，桔色的环境氛围，伶俐的桔子人，走廊中精致的壁画，充满美式格调的大堂、走廊和房间，随处可见的桔子装饰为桔子酒店增添了浓郁的艺术气息，给顾客带来了强烈的视觉冲击与视觉美感，吸引顾客入住体验。

◆ 以听觉和嗅觉来营造氛围

　　为了迎合酒店的时尚气息，酒店大堂中播放的音乐、喷洒的气味与其相一致。受时尚定位的影响，在国内，桔子酒店对苹果设备的支持度最高。无论是 iPhone，还是 iPad，都能在酒店客房中的音响上播放。如果播放的文件是 MP4 格式，视频还会自动切换到电视上播放，其声音会从音响中传播出来。桔子酒店的这一设计不仅满足了年轻群体的需求，还让氛围营造变得更加简单。

◆ 触觉感受

　　桔子酒店还在大堂中设置了 300Mbit/s 的无线宽带以供 iPhone 和 iPad 使用。目前，能使用 300Mbit/s 无线宽带的设备为数不多，iPhone 与 iPad 就位列其中。在桔子酒店的大堂中还有两台 iMac 供顾客免费使用。在客房内，洁白的床上放着一只新鲜的桔子，即便是浴室也散发着安静、纯洁的气味，给人一种优雅舒适的感受。另外，为了满足旅客的需要，桔子酒店还配置了液晶电视、免费宽带、24 小时安全监护设备，以优化顾客的住宿体验。

◆ 味觉享受

因桔子酒店为顾客提供的主要服务是住宿，所以没有在餐饮方面投入太多，早餐偏西式，注重健康。另外，酒店每天还会为顾客提供两个免费的水果和咖啡。如果桔子酒店能在味觉享受的打造方面再费一番心思，为顾客提供秘制的桔子餐，或许会赢得更多顾客的注意力。

◆ 情感营销

为了做好情感营销，桔子酒店根据十二星座的性格特点制作了一部宣传片，将十二星座入驻桔子酒店的故事演绎了出来。在这部宣传片中，不仅将十二星座人物的性格特点淋漓尽致地展现了出来，桔子酒店的功能与特点还通过故事在潜移默化中传播了出去，如桔子酒店独特的大堂布置、iPhone 等设备的直接播放功能、电梯中的古玉、落地窗前放置的浴缸等，能让受众产生了体验冲动。于是，桔子酒店的情感营销大获成功。

由此可见，桔子酒店已冲破了传统酒店的概念，演变成了一个形象生动的生命体，借助感官营销让产品与服务实现了拟人化，借助情感营销实现了品牌传播。

在这种情况下，人们对品牌的诉求冲破了产品标识与产品款式，在新技术、新媒体的共同作用下，消费者的感官被强化并延伸。也就是说，人们希望能通过全方位的感官体验对品牌进行感知，从而对品牌故事与品牌含义进行充分的理解。所以，**在新时期，品牌营销应遵从感官营销带动情感营销的法则，将这二者结合起来推动品牌升级，创新品牌战略，赢得更多高忠诚度消费者的喜爱。**

多维度、多视角的品牌设计是创新品牌战略的必要流程，除此之外还要根据借助顾客的感官力推销品牌，引导产品品牌与消费者进行情感互动，并提出完整的、翔实的品牌观来指导产品销售。

借鉴消费者行为学的相关理论，创新品牌战略的目的就是让消费者在消费的过程中得到五大感官体验的全面升华，使其情感需求得到极大满足。

借鉴体验经济的相关观点，企业可被视为一个体验策划者，其目的不仅是为顾客提供商品与服务，还要为其提供感性的、愉悦的、印象深刻的最终体验。而要想让该目标得以实现，关键要抓住消费者延伸的感官。

5.2　情感品牌：搭建品牌与消费者之间的情感桥梁

5.2.1　粉丝理论：构建与提升粉丝的忠诚度

互联网时代，量是人们关注的重点；移动互联网时代，效率是人们关注的重点。因为随着移动互联网的发展，时间、用户、渠道全都被分割，呈现出了碎片化的特点。移动互联网时代没有入口，企业要想搞好营销，必须关注每位用户。

互联网时代的逻辑关系非常简单，免费是其最典型的逻辑，只需两步就可以构建起商业模式。**第一步，以免费的方式获取大量用户；第二步，将其中的一部分用户转化为付费用户**。在互联网时代，企业为了获取广泛的用户不得不采用免费模式否则会是毫无立足之地的。但是在这种免费模式下，即便企业不向用户收取任何费用，也一定会导入其他平台，如游戏平台等来获取收益。所以，这种逻辑就是互联网最基本的逻辑。

在这种逻辑下，入口就成了互联网企业获取收入的唯一通道。例如，百度、淘宝、腾讯等，众多周知百度是搜索入口；淘宝也依靠站内搜索广告获利；腾讯虽不是入口，但其社交黏度非常大，能完成游戏用户与收费用户的转化，称为社交入口。

一千铁杆粉丝理论认为：如果某自媒体每天能获得 1000 个忠实粉丝的收入，这个自媒体就能存活并发展。这个理论映射到企业层面就是：如果你的价值能得到 1000 家企业的认同，这些企业每月给你一定的服务费用，你就能获得很好的发展。

假如每个企业每月给你 10000 元，那么每月你能从这些企业中得到的收入就是 1000 万元，一年就是 1.2 亿元。只要你能保持一个较低的流失率，就能获得越来越多的积累，就能不断发展壮大。在这种模式下，企业不需要过分地修饰与包装，只要切实地为他人提供实际稳定的、能考核的互联网服务，推动企业完成互联网转型即可。

> "汉堡王"针对这一理论做过一个试验，试验内容：只要用户取消关注就能获得一个麦当劳汉堡。试验结果：关注汉堡王的用户数量从 38000 人锐减到了 8000 人。虽然关注人数减少了，但是剩余用户的忠诚度非常高，用户的互动率提升了 5 倍。在这种情况下，汉堡王的第一要务就是做好这 8000 个粉丝的维护工作。因为这些粉丝的忠诚度很高，他们会自主地帮店铺做宣传，给店铺介绍更多新用户。

在当代，企业、店铺、自媒体等需要的就是这 8000 名铁杆粉丝，即便其数量只有 1000 名也可以。只要这个粉丝团体建立起来，他们就能帮企业解决很多问题，企业所付出的精力会越少，团体价值会越高。

对于企业来说，其最重要的任务就是不断提升能力及水平做好这个团体的驾驭工作。受碎片化特征的影响，团体管理工作的难度较大。因为移动端难以导入大量用户，且用户可以通过查看管理者之前的言行记录来判断管理者的人品，主动做出去留选择，这样就对管理者的水平提出了很大的挑战。

在进入移动互联网时代之前，产品与营销普遍缺乏情感，营销大多是传播式的广告营销。自进入移动互联网时代以来，营销中的情感因素愈加浓厚，营销开始转变为粉丝营销。在当今手机领域，不采用粉丝营销，仅做广告营销的企业已经甚为少见。因为对于移动互联网来说，手机是真正的入口，所以这个领域的一举一动值得企业关注。

在工业时代，产品与广告非常单纯，没有任何情感。但自进入移动互联网时代以来，传播渠道日益碎片化，即便是中央电视台的影响力也开始下降。对于 B2C 企业来说，开发新客户意味着成本消耗，企业要想盈利必须引导新客户进行后续消费。

之前，企业主要靠低廉的价格吸引用户。现在，价格因素对用户的吸引力度越来越小，用户将关注重点放到了服务价值上面。优质的服务能为用户带来良好的体验，体验能帮用户增强对企业的情感，丰厚的情感能减少用户流失，能增强用户对企业的信任。

之前，用户买到质量差的产品会非常愤怒地找商家理论；而现在，粉丝用户买到质量差的产品，即便这款产品返修数次，用户也依然会兴致高昂地将这款产品推荐给亲朋好友购买，这就是情感营销所发挥的重要作用。

为避免人们陷入误区，在这里要阐释情感的以下 3 个特征：

第一，情感非常个性，具有不可复制性。因为人面对不同的人，其情感也不同，不可能将同一种情感加在很多人身上；

第二，情感建立需要一个漫长的过程，一见钟情发生的概率很低；

第三，情感需要用心维护，否则粉丝会迅速流失，甚至黑化。

所以，企业开展粉丝营销必须有耐心，不能急于求成。对于企业来说，其营销活动要对粉丝负责，对粉丝负责最好的方式就是为其提供优质的产品与服务。所以，专注于打造优质产品的企业会有源源不断的铁杆粉丝，并且粉丝愿意支付大量的金钱为其产品买单。在此需要注意的是，企业切忌采用低价战略来吸引粉丝，因为通过这种方式获取的粉丝的忠诚度非常低，非常容易流失。

总而言之，移动互联网时代是一个看重效率的时代，时间、用户、行业、渠道呈现了碎片化的特征。这个时代没有入口，所以企业必须看重每位用户，做好用户维护工作。

5.2.2　情感品牌：碎片化时代下的无形资产

企业在采用情感营销方式之前，先要了解情感营销产生的背景，对其应用价值进行详解，放弃价格战，将主要精力放在产品打造上，创造具有高附加值、受目标人群喜爱的产品，创建情感品牌，开展友好营销。

如果这种营销方式能得到有效利用，就能取得增加产品销量、扩大企业知名度、增加消费者忠诚度的积极效果。国内借助情感营销成功创造情感品牌的企业有很多，如打温情牌的南方黑芝麻糊，打爱心牌的王老吉等。

在众多商业广告中，南方黑芝麻糊的广告可以说是上品佳作。在1991年的《怀旧篇》中，南方地区典型的麻石小巷，挑竹担的母亲与身边相随的女儿，"黑芝麻糊咯"的叫卖声，深宅大院中推门而出的少年瞬间将观众带回了那个记忆中的年代。在男孩的期盼中叫卖的母亲递给他一碗芝麻糊，男孩狼吞虎咽，吃完之后意犹未尽地舔着碗底，引得旁边的女孩发笑。此时，年轻的母亲又多给了他一勺，并替他擦拭嘴角。怜爱的眼神、擦嘴角的动作，再加之温厚的画外音——"一股浓香，一缕温暖，南方黑芝麻糊"，触动了无数观众，让南方黑芝麻糊这个品牌富有生命力，并在观众心目中留下了深刻的印象。

除南方黑芝麻糊之外，王老吉在汶川地震期间的营销也非常经典。在汶川地震发生之后，中央电视台在一号演播厅举办了"爱的奉献·2008抗震救灾募捐晚会"。在这场募捐晚会中，王老吉以1亿元的捐款高居国内单笔捐款榜榜首，不仅彰显了民族企业精神，还触动了万千消费者，赢得了社会各界的好评，这对企业来说是无价之宝，使王老吉名利双收。

在情感营销时代，企业最重要的任务就是打动消费者，让消费者在初见产品或者品牌时就产生一种难以言喻的情感，这种情感还要具有针对性。从整体上来说，各行各业都能采用情感营销策略，但必须遵循两大前提条件：一是情感营销策略必须在产品成熟阶段使用；**二是在策划前期要仔细研究受众心理，让产品与其现有消费者及潜在消费者真正地连接在一起，从而强化沟通。**

情感营销这种营销方法非常适用于奢侈品的营销，路易威登、迪奥等奢侈品牌非常擅长利用情感营销来打动消费者，缩短距离感。

> 2008 年，路易威登《Where will life take you？》的电视广告触动了无数消费者的情怀，轻缓厚重的音乐、油画水彩般的画面、胶片电影般的风格、带有疑问色彩的字幕，在给观众带来美的享受的同时还引发了观众的思考，赢得了无数观众的喜爱，从而激发了观众的购买欲望。

除此之外，很多电视节目也非常擅长利用情感营销，如《非诚勿扰》《中国梦想秀》等，这些节目在策划的时候会将情感纳入考虑范畴。因为如果一档节目没有情感，就会显得苍白、空洞，难以吸引观众，其收视率也难以取得好成绩。

虽然情感营销有种种优点，但如果使用不当也不会取得好的效果。例如，如果广告文案太过空洞、虚假，往往会产生观众看完却不知道这是什么品牌的结果。所以，情感营销的应用还需控制好时机，最好选择在产品成熟阶段使用。

为了让情感营销达到最好的效果，企业应采取何种措施呢？**首先，企业要精确地找到情感触点，这个点越清晰，情感营销所能达到的效果就越好；其次，情感营销要遵循差异化原则，因为在信息爆炸时代，只有差异化的内容才能吸引观众的注意力，才能在受众心中留下深刻的印象，才能使情感营销的效果达到最佳。**

在碎片化时代，在情感经济时代，某行业中的佼佼者不只是资产丰厚，更为重要的是其在消费者心目中的地位靠前。所以，能够创造财富、创造品牌的情感营销所发挥的作用将越来越重要。

5.2.3 让顾客感动：向消费者传递品牌价值

在情感经济时代，与消费者之间的情感连接成为企业的无形资产，越来越多的中小企业借助情感营销在短时间内实现了快速增长。作为一种实现差异化竞争的有效手段，情感营销受到了营销从业者的一致青睐。情感营销通常描述为"**借助与消费者进行情感与心理的沟通交流，成功赢得其信任及认可，通过不断扩大市场份额，最终取得行业领先优势**"。

目前，情感营销被越来越多的国内品牌所采用，并创造出了多个营销经典案例，这也促使广大营销人员开始将卖点从功能及价格转变为情感要素，从而有效迎合消费者的情感需求，使企业形象及品牌影响力获得大幅度提升。

品牌是产品与消费者建立连接关系的重要枢纽。对于情感营销而言，企业首先要学习的就是如何赋予品牌某种情感。而品牌营销的关键就是能够让消费者产生情感认同，不只是要影响消费者的认知，更要让他们被品牌所感动，成为产品的忠实消费者。具体来看，在品牌营销过程中运用情感要素的关键点主要有以下几点，如图 5-4 所示。

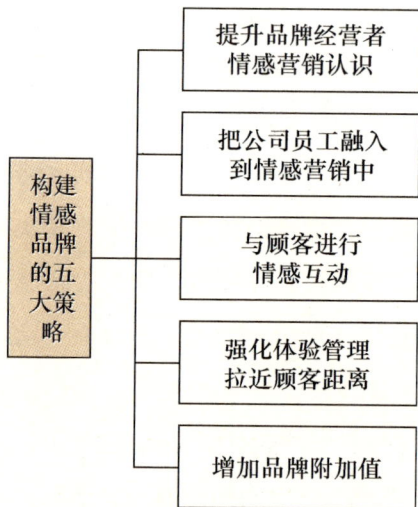

图 5-4 构建情感品牌的五大策略

◆ **提升品牌经营者情感营销认识**

能够让消费者被品牌所感动是情感营销的核心所在。品牌运营人员应该充分认识到：采用营销手段的重要目标最终是为了吸引消费者。为此，需要品牌运营人员在思想层面进行变革。管理理念与营销理念的创新很大程度上是由品牌理念转变所驱动的，只有品牌运营人员认识到情感营销的内涵与价值，才能在实践中投入足够的时间与精力制订有效策略并使其真正落地。

世界知名冰淇淋品牌哈根达斯的品牌运营人员，将其品牌定位为"追求高品质生活的渠道与传递爱的使者"。满怀爱意的"爱她就请她吃哈根达斯"不仅传递了其品牌的情感元素，更让其成为广大消费者用来表达情感的一种重要工具。

国内著名珠宝品牌周大生在其掌舵者周宗文的推动下，通过情感营销将品牌情感从简单的"情"上升为内涵更为丰富的"爱"，不但能够让情侣、爱人及亲人朋友表达爱意，亦能体现对社会的大爱，其广告宣传标语也从"情系今生，我心永恒"转变成为"因爱而美，为爱而生"。

◆ 把公司员工融入情感营销中

员工是品牌的某种体现，尤其是那些与消费者直接接触的一线员工的个人形象及服务水平，对品牌的影响就更为明显。员工在工作期间必须投入足够的情感，真诚地为用户提供服务。微笑与礼貌用语等诸多细节能够有效改善品牌在消费者心中的形象。当然，需要做出改变的不仅是与消费者对接的一线员工，还包括实验室中的开发人员、生产车间的生产人员、物流环节的配送人员、行政部门的管理人员等组织中的所有成员。

为了确保员工能够融入情感营销过程中，企业需要建立一套科学、系统的制度，在各个细节方面加以规范。从企业的高层管理者，到基层员工，无论是和消费者交流，还是与同事沟通，不经意间的真情流露往往能够极大地拉近彼此之间的距离。

◆ 与顾客进行情感互动

互动交流是品牌与消费者之间建立良好信任关系的低成本、高效率的手段。更为关键的是，通过沟通交流，企业还可以搜集用户的反馈建议，从而发掘出更多的潜在需求。

品牌与消费者之间的沟通交流效果，和品牌运营者是否将情感投入作为一种重要营销手段，并了解到这能对品牌认知程度产生较大影响存在直接关联。通过打造品牌与消费者的互动机制，不但能够强化品牌所表达的情感元素，还能让消费者对品牌形成较高的忠实度。

一件优质的商品，如果企业不能实现品牌与消费者之间的有效沟通，将很难让消费者充分认识到产品本身的价值，更不可能在消费者心中形成强烈的品牌认可。业内人士指出，缺少了消费者参与的品牌，其活力与生命力将会受到极大的压制。

一般说来，企业实现品牌与消费者互动的最为有效的方式就是为用户提供定制服务，它不但满足了消费者的个性化需求，也迎合了他们的情感需要。由于年龄、性格、受教育程度与生活环境等方面的差异，不同消费者对同品类产品的需求往往存在一定的区别。而定制服务充分尊重这种差异化，让顾客能够真正购买到自己需要的产品。

互动过程中，营销人员不但更为精准地了解用户需求，而且能够为每位用户打造个人档案，从而长期为用户创造价值。

在珠宝等奢侈品行业，定制服务的应用尤为广泛，包括卡地亚、梵克雅宝等在内的珠宝品牌是定制服务的积极践行者，这种互动式情感营销手段也让它们在明星、政要、皇室及商业巨贾等上流群体中沉淀了一大批忠实消费者。LAN 珠宝、TTF 珠宝、鹤麟珠宝等国内珠宝品牌目前也在积极引入定制服务，其中 LAN 珠宝品牌在国内市场中已经取得了一定的领先优势。

◆ 强化体验管理拉近顾客距离

当一位消费者进入到某一品牌的展示区、零售店时，其第一感觉的优劣，会在很大程度上影响其对该品牌的最终印象，并且对消费决策产生十分关键的影响。在此，我们将这种第一感觉与印象称之体验。

管理学专家伯尔尼·H.施密特在其著作《顾客体验管理》中指出："顾客体验管理需要把握每一次与顾客的接触，对售前、售中及售后等各个阶段与消费者进行接触的环节进行有效管理，为广大消费者传递提升品牌形象的营销内容。品牌借助强化用户体验，最终有效提升用户对品牌的认可度与忠实度。"

在实体零售店内，体验管理应该围绕服务展开，并将产品作为一种媒介来加强品牌形象。和产品给用户带来的外在视觉体验不同，体验更加注重消费者的情感满足，它能对消费者的心理产生持续冲击，并最终形成一个品牌的整体印象。产品陈列、环境装潢、宣传标语等能对消费者在零售店内的体验产生直接影响。

毋庸置疑的是，优良的购物环境能够让人心情愉悦，从而以一种更为积极地心态了解产品及服务。和普通的零售店相比，给用户带来良好体验的零售店能够获得更高的产品销量与成交额。以著名的全球婚戒品牌 I Do 为例，为了让顾客感受到浪漫与纯净，该品牌的设计师以白色与粉色为基调对其零售门店进行了布局。

◆ 增加品牌附加值

提升品牌附加值就相当于在品牌与潜在消费者之间建立一种渠道。那些优秀的品牌往往能够通过不断提升品牌附加值，从而使用户复购率保持较高的水平。是否能够增强用户对品牌的情感，并激发他们的购买欲望，很大程度上就是取决于企业的品牌附加值是否在不断提升。

品牌附加值并非是简单地体现在展示创意、设计及工艺等方面，还包括品牌的文化及精神内涵。影响消费者对品牌消费决策的因素不仅包括产品的功能价值，还取决于消费者能否从产品中获得情感满足与身份认同。那些顶级奢侈品的情感价值明显要高于其产品本身的功能价值，而这种情感价值主要就是品牌为产品注入的文化及精神内涵。

形成文化与精神内涵的不仅包括品牌的名称、设计，还关系到品牌背后的故事、品牌理念、企业文化、无形服务等。一个成功的品牌也是一个充满情感的人物形象，而这个形象所散发出的气质、魅力及其特征就是吸引消费者的关键所在。品牌附加值的提升意味着品牌沉淀用户的触点的增长，所以，品牌附加值越高，为企业网罗的忠实用户规模就会越大。

5.2.4 让产品传情：在产品中融入情感元素

让品牌与消费者直接建立关联的，是其旗下的各种产品。让产品成为情感营销的重要载体，无疑是扩大品牌影响力并赢得消费者信赖的一大有效途径。在用户需求主导的移动互联网时代，产品的研发环节及营销策略扮演的角色会更为重要。

目前，很多消费者对产品功能性与实用性的追求在不断降低，对于情感需求满足的追求却是愈发强烈。为了应对这种趋势，企业应该在产品方面做出如下调整，如图 5-5 所示。

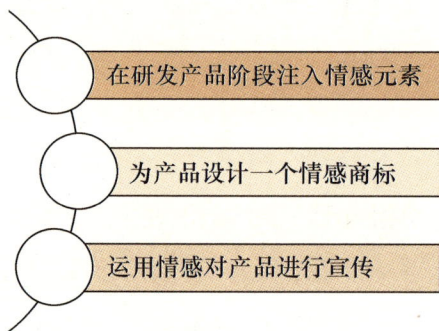

图 5-5　在产品中融入情感元素

◆ **在研发产品阶段注入情感元素**

在产品研发过程中，为了更加迎合用户需求心理，可以选择那些与消费者生活及工作密切相关的题材。当然，为了更为精准地把握用户需求，设计人员需要积极获取一线员工的反馈建议，根据市场潮流与消费者的实际需求进行产品研发。

在表达产品的情感方面，其款式、外观将发挥十分重要的作用。以国内珠宝市场为例，不难发现，外观设计出众的热销产品售出量比主打意境的产品明显更多，当然这和国内民众的平均消费水平与消费观念仍处于初级阶段存在直接的关联。

如果产品能够同时在外观设计与意境方面具备一定优势，那么该产品将很容易成为爆款。国内珠宝品牌钻之韵推出的"一辈子"系列珠宝，就是在外观新颖、设计独特的同时，利用"一辈子"的文字谐音，很好地体现了产品所蕴含的情感元素，从而使该产品赢得了广大消费者的一致认可。

国内原创珠宝设计倡导者 TTF 珠宝推出了将传统文化与现代生活理念完美融合的"红豆""旗袍"等优秀设计作品，不仅设计精美，而且承载着我国传统文化，在海内外市场广受好评。以"旗袍"为例，这款产品由 TTF 旗下的著名设计师韩恩永设计而成，同时采用钻石、玛瑙及 K 金等多种材料。它取义代表中国传统文化的旗袍，将极具创意的色彩搭配与精简地设计融合起来，让佩戴者能够展示出东方女性的高贵与知性之美。

◆ 为产品设计一个情感商标

商标是代表品牌的一个重要标志，是消费者将企业的产品与同品类产品进行有效区分的最终依据。优秀的商标设计不但能够通过情感元素来感动消费者，而且能够激发用户的购物欲，并使其成为品牌的忠实粉丝。

国内品牌商在情感商标方面比较常见的成功案例就是结合我国的传统文化及民族风情等情感元素。借助消费者对传统风俗习惯、价值观念与民族情怀的共鸣，使其在消费者心中建立良好形象。例如，体现了地域特色的经典品牌：青岛啤酒、老庙黄金、贵州茅台等；展示了我国传统文化的优秀品牌：越王珠宝、萃华金店；凸显福气的珠宝品牌：百福珠宝、周大福珠宝等。

> 和品牌类似，企业同样可以为产品设计商标，从而使产品与其名称商标化。以主打创意与设计的珠宝品牌鹤麟珠宝为例，该品牌强调产品与商标同时上线，"情话"情侣戒系列、"恋上你"恋爱婚嫁系列等是典型代表。除此之外，星光达珠宝推出的"弹金"首饰、金叶珠宝推出的"百花"纯金精品系列、爱迪尔珠宝推出的"浪漫满屋"创意首饰系列等也值得相关从业者充分借鉴。

为产品设计商标，不但能够充分吸引广大消费者的关注，还能让企业的经典系列得以传承下来。作为一个系列产品，即便是经过十年甚至上百年，只要企业能够在保持其核心情感元素的同时融合一些时代特征，始终会有大量的忠实消费者愿意为之买单。

◆ 运用情感对产品进行宣传

在让消费者能够认可企业的产品前，企业首先要做的就是用情感来打动消费者。用户需求主导的市场环境下，能够引发消费者情感共鸣的产品，其销量会明显领先。虽然购买力与消费水平会影响目标用户的消费决策，但情感被认可的产品其用户会进行主动传播，在社交媒体的强大传播能力下，产品销售火爆就会是一个自然而然的事情。

> 全球著名钻石品牌 DeBeers 集团推出的首款钻石品牌 Forevermark（永恒印记）在各大媒体中，对 Encordia（拥爱）系列产品进行了大规模营销推广，极致的产品设计，再加上"独一无二的钻石，紧扣相系，一生相守""真情相系，永难分舍"等宣传标语，吸引了大量的情侣为之买单。宝怡珠宝则推出了"爱无限"系列，借助无穷大符号"∞"与"爱无限，无限爱"的宣传语，使消费者感受到了真爱的永恒。

当然，通过情感营销来对产品及品牌进行传播推广，不但要在媒体的宣传推广方面做出努力，更要尝试利用各种机会举办线上线下活动来拉近与消费者之间的距离。就像伯尔尼·H.施密特对品牌情感营销所强调的一般，要积极扩大并整合与消费者之间建立情感连接的触点，持续不断地对广大消费者施加影响，从而实现产品销量增长与品牌影响力提升的目标。

5.3 个性化营销：以消费者需求为主导的情感营销

5.3.1 产品个性化：满足消费者的多元需求

个性化营销出现后，就以其独特的优势迅速征服了大量营销从业者，甚至有业内人士认为未来个性化营销将会成为一种主流发展趋势。但从如今的实际情况来看，"个性化"多被企业用来炒作，真正算得上是个性化营销的例子相当有限。

事实上，很多企业的管理者对于个性化营销的优势有着十分清晰的认识，也想将其运用到产品及品牌的推广方面。企业界广为流传的个性化营销案例当属戴尔，它让消费者可以根据自己的需求"定制"电脑；国内巨头海尔也提出了"你来设计，我来实现"的营销口号。但大部分企业的个性化仅停留在浅层次方面，当然这与真正实现个性化营销所需要的巨额成本也存在着一定的关联。

那么个性化营销又该如何落地呢？首先，我们应该了解这里所提到的"个性化"涉及产品的生产、流通及应用的整个营销过程。所以，我们在此不妨从产品个性化、服务个性化及营销模式个性化 3 个角度来分析个性化营销的落地方案。

产品个性化的核心在于能够最大限度地满足消费者的功能需求、情感需求及心理需求，它包括产品材料、内在结构、外在包装、功能设计、价

格定位等。 当然考虑到用户需求具有动态变化的特征，绝大多数的产品几乎不可能完全做到"一对一"的个性化。从生产升本的角度考虑，类似家电这种本身就价格不菲的商品，如果完全根据用户需求去生产，其生产成本将会大幅度提升，最终导致产品成为类似法拉利、劳斯莱斯级别的奢侈品。

为了满足商家的盈利需求，产品的个性化应该是一种产品的多种个性化设计，或者是不同产品的个性化组合来满足目标群体的个性化需求。如对老年人保健类产品，有的产品是强调补钙增强体质，有的产品是补充某种维生素来延缓衰老等。部分保健品品牌商推出了"立体健康套餐"，内服控制血压、血糖，外用改善人体微循环，从而最大限度地满足中老年群体的保健需求。

产品价格定位也能彰显出一定的个性化，如某家企业为了满足不同消费群体的个性化需求，而对产品实行差异化定价，大众商品定价为 110 元，豪华版定位 150 元，至尊版定价为 200 元，当然价格越高其配备的增值服务也就越完善。

5.3.2　服务个性化：与消费者建立情感连接

服务个性化在整个个性化营销中具有十分重要的地位，在制造业水平不断提升及信息传播效率得到质的提升背景下，产品方面的个性化会在短时间内被竞争对手所模仿，而服务个性化却很难被模仿，而且它能够在短时间内快速进行优化调整。

个性化服务能够明显提升产品附加值，是使企业实现价值最大化的有效方式。 随着收入水平的持续提升人们消费需求不断升级，对于产品的功能及价格重视程度有所降低，而情感满足在消费决策中发挥的作用愈发关键。让顾客的情感需求得到满足最为关键的就是对其展开个性化服务。

个性化服务以用户需求为主导。 以前由于生产力相对较低，消费者在购买商品时缺乏主动权，商家生产什么样的产品，消费者就只能购买什么样的商品，而且商家的服务意识普遍较差。而随着生产力的不断提升，产能过剩时代来临，企业之间同质化竞争日趋白热化，商家开始重视提升自身的服务水平来吸引消费者，如买空调、洗衣机免费送货上门并安装等。

目前，基础性服务被视作为一般性的服务，而且大部分消费者认为这种服务是商家本来就应该提供的，而个性化服务的推出就带给了人们全新的体验，如消费者购买了电视后，商家为其免费安装宽带、维修电路等，这种超出用户预期的服务无疑将会极大地吸引广大消费者。

个性化服务是一种必定会让用户为之感动的服务。 当下有越来越多的企业热衷于借助通过服务人员与用户建立良好的关系，来有效提升产品销量，并进行口碑传播。公布的数据显示，一些善于维护用户关系的销售人员的销售业绩会比普通销售人员高出 30% 以上。能够让用户为你的服务所感动，是逐渐成为营销人员必备的一项技能。

个性化服务也是一种十分灵活而细致的服务。 很多营销人员由于缺乏足够的技巧，在与广大消费者的沟通过程中会显得十分形式主义，一味地采用打电话、请吃饭等同质化的服务，甚至和不同的消费者交流的内容也基本相同。在企业之间的竞争愈发激烈的背景下，这种服务方式自认很难得到预期的效果。

事实上，营销人员对消费者必须要进行深入了解，并尝试为之提供个性化服务。以在某家家电企业工作的销售人员小张为例，小张经常通过请客吃饭来维护他与一位重要客户的关系，但一段时间后，他发现这位客户对他越来越冷淡，甚至约他吃饭，也总是以各种理由推辞。最后这位客户表示，他已经与其他企业的同类品牌达成了战略合作。小张感到十分不解，因为从产品质量与价格方面来看，自己企业的产品及品牌影响力具备领先优势。

一次偶然的机会，小张发现这位客户经常到体育馆打篮球，而经常陪他一起打篮球就是那家竞争对手的销售人员，而且更让小张感到十分懊恼，因为他自己也经常在工作之余打篮球。

个性化服务尤其重视情感价值。一家煤气商家的工作人员经常为一位老人提供免费送煤气，而且每次送完煤气后从不抱怨，也不与这位老人主动进行沟通交流。开始时，这位老人很感动，并也多次表示要留下他一起吃饭，但这位工作人员都以自己工作忙为理由进行推脱，长此以往，这位老人对购买煤气后免费送到家中已经习以为常。

某一天，这位工作人员因为临时有事而不能及时为这位老人提供服务，这位老人非常气愤，并打电话到公司投诉他。之所以会出现这种状况，其实和这名工作人员在为老人提供服务后，没有通过有效的交流沟通来建立良好的情感连接有很大的关联。长时间的免费服务后，这位老人已经把员工提供的增值服务（公司标准收费是10元）看作为一项基本服务。

要想充分保证为顾客提供个性化服务，企业需要将员工的流失率控制在一个较低的水平。因为一旦服务人员与顾客建立起了良好的情感连接后，服务人员从公司辞职，他所负责的顾客有很大概率将会流失。

有些企业为了避免出现这种问题，在为客户提供服务时尽可能地以公司的名义，例如，为顾客赠送礼物是由公司负责统一采购；前往顾客家中的家访人员也由公司指派等，意图让消费者明白，这些服务人员只不过是工作环节的需要，真正为员工创造价值的是企业。

不过，最终的结果同样让企业感到颇为失望。最大的问题在于依靠这种方式难以让企业与顾客建立有效的情感连接，因为竞争对手送的礼品有可能更加符合消费者的需求。更为关键的是，顾客会将这些服务作为一种必备服务，从而很难沉淀出忠实用户。

事实上，很多国际企业积极鼓励员工与消费者建立情感连接，消费者会因为对员工的信任自然而然地加强其对企业产品与品牌的信任。情感连接，是在产品同质化竞争不断加剧背景下，较为简单、有效地留住目标群体的方式之一，而企业要做的是让员工对公司有足够的依赖感与忠诚度，让其为企业创造价值。

5.3.3　营销个性化：个性化营销的 3 个原则

营销模式个性化主要包括两个方面：渠道方式个性化与促销方式个性化。企业在制定个性化的营销模式时需要重视以下 3 个原则，如图 5-6 所示。

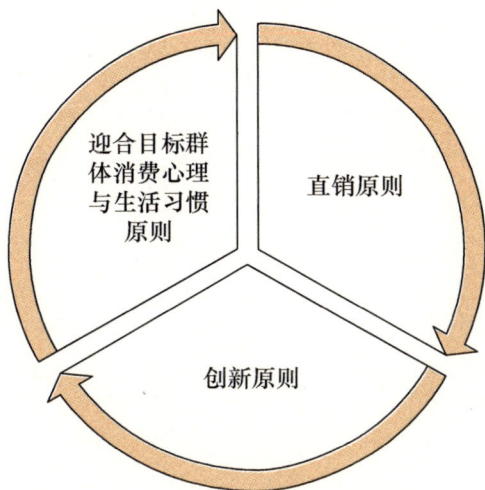

图 5-6　个性化营销的 3 个原则

◆ **直销原则**

也就是目前企业界提倡的去中间环节，追求与消费者实现无缝对接。当然，市场中确实存在着一些十分擅长进行个性化营销的渠道商，能与他们进行合作也是不错的选择。目前包括中脉科技、戴尔电脑在内的诸多品牌商为了对企业的个性化营销进行统一规范，而选择了终端直营以及特许加盟的营销方式，并最终使企业获得了巨大成功。

◆ **创新原则**

从企业界的诸多实践案例来看，每次营销模式创新都能让部分初创企业、中小企业成功突围。凡客诚品、吉利汽车、创维电子、上海家化、春秋航空等无一不是典型的代表。以上海家化为例，作为一家历史悠久的老牌化妆品公司，上海家化通过"怀旧营销"将1898年诞生的老品牌"双妹"成功复活，将产品基调定位为20世纪30年代整体上海风情的"文艺复兴"，最终成功打造出一款高端奢侈品牌。

◆ **迎合目标群体消费心理与生活习惯原则**

以保健品行业为例，为了让自身的产品能够更容易被目标群体信任，很多保健品企业会与保健协会以及预防医生会等在大众心中公信力较高的组织机构进行合作，在终端销售时，通常也会邀请社区健康中心一起合作。

其他产业同样如此，消防品牌商会寻求与消防行政单位进行合作，电器品牌商会向消费者强调自己获得的行业协会颁发的奖章等，这些都是为了迎合目标群体的消费心理及生活习惯而制定的营销策略。

由于中老年人的时间相对充足，他们能够参与各种各样的促销会，所以会议营销的企业生产的产品大部分是面向中老年群体。而那些主要面向年轻群体的会议营销企业，为了迎合年轻群体晚上时间相对充足的生活习惯，通常会将促销会议及激励讲座举办的时间定在晚上。

此外，在设计产品的终端营销策略时，很多企业也会尽可能地迎合消费者的个性化需求。例如，面向糖尿病患者的企业在对治疗糖尿病的产品进行促销时，通常会为消费者赠送降压产品，这是因为从实践来看，糖尿病患者有很大的概率会同时患上高血压。

从整体来看，个性化营销在追求企业获取利润回报的同时，更注重为用户群体创造价值，而且前者通常是建立在后者的基础之上。无论是处于产业链上游的生产商，还是位于终端环节的零售商，都需要根据自身的发展情况与目标群体的基本特征来制定个性化营销方案，但需要牢记的一点是，营销只是一种手段，最为关键的是要真正为用户创造价值。

第6章

场景运营：
借助场景重塑与消费者的沟通

6.1　场景碎片化：利用场景抢占消费者的心智认知

6.1.1　场景驱动：构建场景营销的三大维度

在企业或者品牌营销的过程中，如果营销人员能精准把握消费者需求，就能开展精准化定制消息推送等一系列以前无法做到之事。例如，在消费者需要购买产品的时候让他等候，进而为其呈上需要的产品或服务，这是场景营销最大的优势——**想顾客之所想，不强迫顾客做任何事**。营销人员梦寐以求的场景营销之所以能够实现，在很大程度上依赖于技术进步。

以场景为核心开展的场景营销需要借助五大核心要素才能实现，**这五大核心要素分别是移动设备、社交媒体、数据、位置服务和传感器**。移动设备指的就是手机、iPad 等可穿戴设备，这些设备是数据的主要来源；数据需要借助一些渠道曝光，与核心用户接触，这就是社交媒体；为了能让移动设备获取更多数据，必须在移动设备上安装传感器；场景营销要能对消费者进行准确定位，位置服务必不可少。近年来，在传感器与移动设备的共同作用下，位置服务水平已有了大幅提升。

在技术条件已完备的情况下，场景营销应如何开展呢？具体可以从以下 3 个维度来实现，如图 6-1 所示。

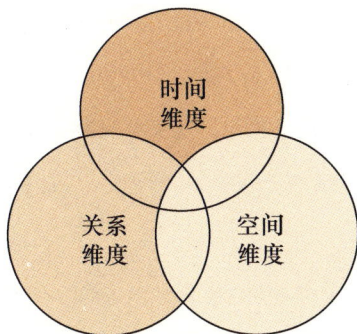

图 6-1　场景营销的 3 个维度

◆ **时间维度**

随着移动互联网的发展，人们的时间呈现出碎片化的特点。无论何时何地，消费者都能拿出手机看视频、玩游戏、进行社交。在这些碎片化的时间中，消费者应如何选择合适的时间节点切入营销呢？

在这方面，地图导航应用 Waze 给我们做出了有益的示范。Waze 除了能为用户提供导航服务之外，还能引发用户消费。例如，用户早上开车上班时，Waze 会为其提供精准的导航服务，帮助其规避拥堵路段，在等红绿灯的时间里，Waze 会自动弹出提醒用户路过 ×× 商店买早餐或者饮品的广告。再如，如果用户开车去超市，Waze 会自动弹出超市附近 ATM 机的位置。Waze 如此贴心的服务赢得了广大用户的极度好感。

现如今，在地铁公交上随处可见手持手机刷屏的行人，由于人数过多，信号经常中断。面对这种情况，很多用户只能对着离线页面哀叹。新加坡的图书出版商 Math Paper Press 则有效利用这个场景，将图书段落及书店地址植入离线页面中。当信号中断，离线页面弹出时，用户就能看到这些信息，不仅帮用户打发了时间，还增加了书店的交易量。Math Paper Press 巧妙地把握了这一时间节点，做到了双赢。

◆ 空间维度

从字面意思上来看，移动营销就是让营销移动起来。所以，对于移动营销来说，地理位置非常重要。随着移动互联网的发展，人们的位置信息早已实现了公开、透明，只要人们使用电子导航、电子地图等产品，就会将位置信息暴露出来。也就是说，人们随身携带手机就好比随身携带一个 GPS，只要商家愿意总能精准定位你的位置，获取你的位置信息。

在移动营销方面，星巴克一马当先，做出了成功的示范。例如，用户在行走的过程中突然想喝一杯咖啡，就可以通过 MobilePour 服务将自己的位置开放给星巴克，点好咖啡，继续行走，不久之后就会有星巴克的工作人员将咖啡交到你手中。通过这一举措，星巴克突破了地点限制，可随时随地为用户提供服务，让用户享受这种"被跟踪"的体验。很多业内人士对星巴克的这一举措做出了高度评价，将其评为 LBS 最佳商业应用。

另外，在移动营销方面，香港宿务航空的雨代码也取得了不错的成绩。季风气候使香港多阴雨，少晴天，影响人的心情。抓住"下雨"这一场景，宿务航空创制了雨代码，使用防水喷漆在街上喷绘二维码广告，其广告语主要是"下雨太烦人？快扫二维码来菲律宾跟阳光玩游戏"等，这种广告晴天隐形，雨天出现。通过这一方式，宿务航空的飞行订单大幅增长。虽然宿务航空的移动营销没有使用定位技术，但紧抓下雨这一时机，将马路等公共空间的营销潜能充分开发了出来。

◆ 关系维度

在场景营销中，社交关系也非常重要。用户在完成商品选购之后往往会对产品或者服务进行评价，用户评价会对下一位潜在消费者的购买决策产生影响。例如，用户的正面评价有可能引导下一位潜在消费者购买，负面评价则有可能使消费者放弃购买。

移动场景时代的购物活动变得碎片化，会摒弃实体店购物那种固定、完整的特性和 PC 端购物那种正式、严肃的特性，其主要特征会表现为简单、冲动、快速。在这种情况下，影响消费者做出购物决策的关键要素会是产品、品牌口碑与友人推荐，消费者很有可能只因朋友的一句话就会点击"购买"。

> 特斯拉在中国开放预约期间上线了一款场景应用，用户打开该应用的方式有很多，如扫描二维码、转发朋友圈等。通过该应用，用户可以浏览产品介绍，查看产品性能，并能直接在线完成产品预约。
>
> 维多利亚的秘密也曾在七夕之前上线一款轻应用，利用该应用，用户可以"擦屏幕看性感模特"来逐一浏览品牌介绍，最终抵达"内衣报价购"页面。这款极致性感、好看好玩的应用一经上线就迅速火爆朋友圈。
>
> 相较于独立的移动客户端来说，这种应用更"轻"，获取信息的速度更快。借助社交关系，用户还能传播场景，将场景与兴趣相同之人分享。

6.1.2　场景互动：借助技术重塑碎片化场景

移动互联网的深化发展推动社会进入碎片化时代，用户在不同屏幕、不同时空中无意识活动并不断转移，注意力被碎片化的场景分割，导致品牌无法再借助某个单独场景让用户形成深刻认知。碎片化背景下，用户注意力成为各个品牌争夺的稀缺资源，并由此涌现了众多基于碎片化场景的营销事件。

不过，虽然营销事件能够有效吸引用户注意力，但品牌要想塑造正面形象、与用户保持长久交流，就必须慎重考虑与消费者的对话场景，从用户角度出发，搭建出让用户感到舒适、能激发他们互动热情的场景。

也就是说，在争夺用户注意力的过程中，品牌不能为营销而营销、向用户强加互动话题，而应构建连贯、合乎逻辑、令人舒适的互动场景，让用户愿意主动去认知、体验和消费，进而建立起品牌与用户的强关系。

互动营销是碎片化时代最佳的品牌营销方案，特别是随着各类社会化媒体和互动技术的发展成熟，互动营销也越来越多元化、趣味化、人性化、高效化。从互动技术和互动场景的角度来看，可以将互动营销大致分为多屏互动营销、本地定位互动营销、HTML5 互动营销、增强现实和虚拟现实互动营销。

◆ 以手机为轴心的多屏互动

随着移动互联网时代，手机已成为消费者停留时间最长的屏；多屏互动技术的发展成熟，又为品牌商借助 DLNA 协议、闪联协议、Miracast 协议等建立多屏互动场景提供了有力支撑。由此，以手机为轴心、连接电视屏或 PC 屏的多屏互动新场景不断被构建出来。

（1）手机 + 电视

当前，越来越多的电视节目开通了手机扫一扫、摇一摇功能，从而让电视屏幕前的观众能够直接参与到节目中。这种双屏互动场景不仅通过抢红包、礼券、积分、弹幕等多种活动为用户带来了全新的观看体验，也成功地将用户在移动端的注意力与电视连接起来，为人们提供了感知品牌的连贯场景，并通过双屏互动加深了用户的品牌印象。

例如，儿童玩具研发公司奥迪双钻联合全国五大卡通卫视之一的嘉佳卡通频道，在节目热播期间推出微信摇一摇双屏互动游戏：人们在观看电视节目时，只需用手机扫描电视屏幕上的二维码，便可参与奥迪双钻的摇一摇抽奖活动。手机屏与电视屏的贯通互动、娱乐与广告的结合，既为电视节目吸引了更多观众，也大大拓展了奥迪双钻的品牌形象和影响力。

（2）手机 + PC

手机 +PC 的使用场景高度重合，可以通过两者的优势互补，构建一个更具视觉享受和参与感的全新互动场景——**手机灵活便携，能够弥补 PC 短板，满足碎片化场景和即时互动需求；PC 则更加多样化且视觉体验更优。**

西班牙奥美互动创建了一个活动网站，向用户讲述一个关于小男孩实现梦想的故事。在 PC 端有两个版本，一个小男孩因辍学而落魄，另一个则通过上学改变了自己的人生并登上太空。用户可以通过手机或平板自主控制 PC 屏幕中的剧情走向。通过这种双屏互动的方式，奥美互动为人们构建了一个全新的互动场景体验，向用户表明小男孩的梦想其实就掌握在你的手中，从而号召人们帮助那些因贫困未能上学的孩子。

◆ 基于手机 GPS 功能的线下定位互动

基于 GPS 技术的营销创意在国外并不少见，很多品牌商会将产品中的 GPS 与用户的手机 GPS 进行连接，进而搭建品牌与用户的线下互动场景，实现定位互动营销。

例如，奔驰公司在推广 CLA 汽车时，就曾通过 GPS 定位技术，在瑞士街头构建了一个人与汽车进行捉迷藏游戏的场景。参与游戏的每位用户都会获得一个坐标，然后可以在城市内寻找最佳的躲避场所，之后奔驰公司会通过 GPS 定位技术派人"抓捕"这些用户，游戏结束后没有被"捕获"的用户将会获得一辆奔驰 CLA 汽车。

显然，这种基于 GPS 技术搭建的线下互动场景，通过提供更具趣味性和参与感的场景互动体验，将人与产品更紧密地联系起来，从而大大加深了用户的产品印象。

◆ 好玩有趣的 HTML5 互动

HTML5 所具有的故事化、强互动、参与感、场景沉浸和社交性等特点，使其成为搭建品牌与用户连接互动场景的最佳载体。

（1）基于社交媒体的 HTML5 游戏互动

HTML5 游戏成长和火爆发生在微信上，人们基本上每天都能在微信中看到具有不同目的诉求的 HTML5 游戏，这些目的即为商业场景。总体来看，线上商业场景主要包括商城引流、公众号关注、品牌传播、线索收集等。

然而，在以用户为中心的碎片化时代，品牌要想实现这些商业场景，就不能只是冷冰冰地进行信息推送，而应采取更具趣味性、参与性、互动性的方式，基于社交媒体的 HTML5 游戏便应运而生。**用户在体验这些有故事情节的游戏时，会不自觉地将自己带入游戏角色，从而增强对品牌的感知与认同。**

（2）HTML5＋线下场景互动

线下场景即地铁、公交、商场、会展等用户现实活动的场所，而 HTML5 强互动、参与感、沉浸感、社交性的特质，有助于帮助品牌进行场景重塑，从而通过"HTML5＋线下场景互动"形成聚合效应，吸引更多人的注意。例如，2015 年上海车展上，比亚迪汽车就通过油电混合卖点的 HTML5 与展会现场大屏幕的连接，为观众搭建了一个新的产品互动体验场景，通过现场参与体验让用户更好地感知产品，不仅极大调动了现场氛围、形成人流聚合效果，也使用户将更多注意力放在了汽车本身，加深了人们的产品印象。

◆ **身临其境的 VR/AR 互动**

随着 VR/AR 行业的持续爆发，VR/AR 营销逐渐受到越来越多人的关注和重视。**VR 即虚拟现实（Virtual Reality），指构建一个高度仿真的非现实世界，用户看到的是虚拟场景和虚拟物品。AR 即增强现实（Augmented Reality），是将真实环境与虚拟物体叠加到同一个画面或空间，用户看到的是现实世界和虚拟物品。**

与其他互动形态相比，VR/AR 互动更具场景沉浸感、参与感和体验感，能够通过"身临其境"的参与互动让用户深刻感知和体验品牌的各个方面，在为用户带来更好的场景互动体验的同时建立起品牌与用户的强情感连接。

碎片化时代，互动技术驱动的互动营销将成为品牌营销的主要形态。通过创意与技术的深度结合，互动营销将帮助品牌重塑碎片化场景，构建品牌与用户连接交互的新方式，从而为用户提供更加舒适的沟通环境，激发人们的参与体验热情，实现用户对品牌的全面认知和情感认同。当然，多屏互动、本地定位互动、HTML5 互动、VR/AR 互动远不是互动营销的全部，随着移动互联网和互动技术的进一步发展成熟，未来的互动营销将拥有更大的想象空间。

6.1.3　有效转化：以场景触发用户的购买欲

随着社会进入场景化体验消费时代，如何及时抓住消费者的内在需求，提高购买场景的销售转化率，已成为企业和营销人员关注的重要课题。场景包括时间与地点，抓住购买场景就是商家在合适的时间、合适的地点，通过为消费者提供适宜的信息来触发他们的购买行为。

越来越多的企业开始研究消费者做出购买决策的时机问题。例如，早在 2005 年，宝洁公司就通过分析消费者的购买时机发现，多数消费者在看到货架上的商品时，开始的 3 ～ 7 秒是最容易产生购买冲动的。为此，宝洁公司建立了 FMOT（First Moment of Truth，第一次购买的真实冲动）团队，专门负责提升消费者的即时购买欲望。

零售实体门店的业绩好坏主要取决于商家能否精准把握促销时机，将顾客的即时购买欲望转化为真正的消费行为。一个不能有效把握促销时机的零售商，很难取得理想的销售业绩，因为一旦不能及时抓住顾客转瞬即逝的需求和时机，购买欲望消退后便很难再实现销售转化。因此，如何有效抓住消费者的购买场景，已成为零售企业和营销人员最需要关注的一项内容。

移动互联网的发展成熟重塑了人们的信息获取方式，也改变了消费者与品牌的交互形态，为企业带来了更多直接与消费者进行深度沟通的机会。

从消费者的角度来看，人们可以通过智能手机观看视频、购买产品，并基于个性化场景获取信息和服务；对企业来说，则可以借助移动互联网打通消费者的碎片化生活场景，实现与消费者的场景化连接交互，并最终形成一个共赢模式：移动终端用户满足了碎片化场景下的信息、产品或服务需求，企业则实现了成功的品牌营销与销售转化。

智能手机具有定位功能，营销者可以据此精准定位消费者的地理位置，再结合时间信息，便能够向消费者推送最适宜的有价值的产品或服务信息，实现场景化互动营销。消费者则可以通过智能手机获取当前场景下的各类商业信息,如附近有哪些商店等,然后决定是否去购买商品。

例如,百事公司开发了一款 iPhone 手机应用,用户安装之后能在手机中获取距离当前位置最近的销售百事产品的餐馆和其他供应商信息,从而更好地进行消费选择和决策。百事公司推出的这一应用程序,不仅实现了自身产品与用户碎片化场景的连接,同时也通过鼓励消费者基于位置信息进行互动,为人们创造了全新的参与体验。

在场景化购买过程中,消费者可以通过手机与商家进行实时沟通交互,获取真正需要的信息和服务;企业则可以借助手机平台增强与用户的互动,从而更好地抓住消费者的购买场景,实现销售转化。

换句话说,移动互联网的发展使用户不再是信息或服务的被动接受者,而能够主动向企业索取产品信息,在碎片化的场景中与商家实时沟通,直接向商家表达自己的个性化诉求,从而获取与碎片化场景最适宜的产品和服务。

消费者与企业或品牌的实时沟通诉求,为商家开展"实时互动营销"奠定了基础。对企业或品牌来说,要抓住消费者的购买场景,在他们进行购买决策前精准把握促销时机,通过搭建用户舒适的沟通场景,激发他们的互动热情,进而将人们的即时购买欲望转化为真正的消费行为。

不过,企业要想成功抓住消费者购买场景,获取实时互动营销价值,还面临着以下挑战。

（1）难以精准把握消费者购买时机

企业大多数时候既没有先见之明,面对快速变化的外部环境也没有充裕的时间精准分析形势,其结果是短时间内做出的判断常常偏离消费者的真实诉求。特别是对线下购买时机的分析,由于只能通过以往的经验进行判断,很容易出现失误。因此,要对消费者的需求和购买时机进行精准定位,还需要互动技术的发展突破。对于线上需求与购买时机的把握,则可以通过分析消费者的互联网浏览行为进行精准定位，实现即时触发购买。

（2）消费者的购买时机存在差异

不同消费者的最佳购买时机也是不同的，企业很难找到一个固定的时间点去影响所有用户，需要基于消费者的个性化差异分别进行时机定位。

（3）消费者需求不断变化，购买时机转瞬即逝

社会生活场景的移动化、碎片化、分散化，导致消费者的购买需求和时机处于不断变化中，不同碎片化场景下消费者的需求和购买时机是不同的。因此，如果企业不能在某个碎片化的场景中及时把握促销机会，通过即时行动激发消费者的购买欲望，便难以真正实现销售转化，因为随着用户进入到下一个碎片化场景，其消费需求与时机也会随之变化。

（4）每个人都看得到的时机，竞争也同样激烈

如果企业把握的是他人没有发现的时机，自然能够先获取用户注意力资源、实现销售转化。相反，对于那些人人都知道的营销时机和场景，企业要想成功吸引消费者就不得不面对激烈的竞争。例如，所有企业都明白春节联欢晚会前半小时的广告、奥运会赛事直播前或热播电视节目前的时间等是极佳的营销时机，想要加入其中却必须经历激烈的竞争。对于实力较弱的企业来说，显然是很难抓住这类"人人可见"的购买场景的。

6.1.4　精准投放：数字场景时代的广告策略

现如今，国内 O2O 发展势头强劲，场景营销成为各商家追逐的对象，尤其是在移动互联网时代，场景营销又升到了一个高度。传统的场景营销与内容密不可分，必须借助内容才能浏览环境。但自进入移动互联网时代以来，场景营销与内容分割，可根据用户的具体情况（时间、地点、状态等）推送信息，如根据用户所处位置推送餐厅信息等。

在移动互联网时代，场景营销应如何开展呢？**其具体做法是站在用户角度对用户的兴趣点进行分析，因为场景不同，用户关注的内容也不同。场景营销就是以对消费者所处环境进行判断向消费者推送产品信息或品牌**

信息。

在整个过程中，广告商要对用户的需求痛点进行深入挖掘，对场景下的人群贴标签、画像、进行数据分析，开展 RTB 实时竞价或非 RTB 精准广告投放活动，做好营销互动，在广告投放的过程中进行持续、实时的优化。

在现实生活中场景无处不在，我们生活在各种场景之中，从品牌理论的角度来说，场景就是一场心智影响力比赛。现如今，人们的消费行为暗含场景暗示。例如，你想在情人节给爱人准备一份礼物，此时恰好有人向你发出提醒，你对各种信息进行甄别，选择了一款称心如意的商品作礼物。在整个过程中，从理智上来说也好，从情感上来讲也罢，你的选择都迎合了潜意识的某种共鸣。

简单来说，**场景营销就是基于当下场景中消费者的需求向消费者推送相关的品牌内容。**随着移动互联网、数据、技术的升级发展，场景营销的开展方式越来越多，也越来越高级。如借助场景营销，品牌可对用户的需求痛点进行深入挖掘，主动为其提供解决方案，重构使用场景，创新营销时机。

某全国连锁的火锅店想以发放优惠券的方法在节日期间吸引更多的用户来消费，并将优惠券发放工作交给了一家广告公司负责。发放优惠券非常简单，但是要以优惠券来吸引用户消费则比较难。那么，这家广告公司应如何发放优惠券呢？首先，广告公司对该火锅店发放优惠券的真实需求进行了分析；其次，找到该火锅店的潜在消费群体发放优惠券，并采取有效措施吸引用户下载优惠券到店消费。

以该火锅店的实际需求为基础，广告公司借用商用 Wi-Fi 资源开展了场景营销。

该广告公司采取的场景营销不是简单地定位用户，投放广告，而是从人群、场景、时间段等角度对用户匹配系数进行多维度分析，对用户价值进行解析，按用户匹配系数来制订广告投放措施：对于匹配系数高的用户，采取高竞价、多频次的方法投放广告；对于匹配系数中等的用户，正常出价、正常频次地投放广告；对于匹配系数低的用户，采取低价、低频的方法投放广告。借助该场景营销方法，广告点击率达到了 1.2%，峰值时期的转化率达到了 1.8%，不仅有效地提升了预算利用率，还利用有限的广告预算将广告 ROI 值做到了最大。

◆ **场景营销的升级与进化**

得益于移动互联网的发展，场景营销突破了网站的内容环境，与内容分离而独立。尤其是基于位置服务（LBS）的场景营销更是将产品营销活动带入了用户所处的生活环境之中。在此之后，企业就可以将其与线上线下的数据相结合，为用户附加标签，根据受众需求为其推送合适的广告。

在互联网时代，场景营销以网民的上网行为为基础，始终处于某一场景之中，或是输入场景，或是搜索场景，或是浏览场景。**在移动互联网时代，场景营销从内容中独立出来，以用户时间与地点为依据展开操作，如以位置为基础向用户推送餐厅信息，以时间为基础向用户推送天气信息、新闻信息等。**

从整体来看，场景营销可划分为以下两大阶段。

（1）用户网络行为

浏览器与搜索引擎要为资料搜集、网络娱乐、信息获取等网络行为服务。场景营销就是以输入场景、搜索场景和浏览场景这三大场景为对象，以满足用户的网络体验为前提，以网民输入信息、获取信息、搜索信息的行为路径与上网场景为核心，将"兴趣引导""海量曝光""入口营销"串联起来构建科学的网络营销模式。整个过程要将用户网络行为视为核心触发点。

（2）数据挖掘用户需求

在对时间、地点、用户浏览、使用行为进行综合分析之后就能对用户场景进行更加细致的判断，就能使品牌信息更直接、有效地满足用户需求。例如，借助预订机票的过程为用户推送周边酒店及景点的预订信息。

◆ **场景营销背后的技术驱动力**

（1）移动互联网的随时随地

随着移动设备的出现与普及，广告真正做到了随时随地投放，并且还可以随用户位置而转移。再辅之以智能手机的应用，广告的针对性、私人化、个性化等特点也有了明显增强。

（2）大数据应用和分析

在当今时代，大数据分析与挖掘让商家在投放广告之前对用户有了具体的了解，可对用户进行智能画像，精确定位用户需求痛点，进而有针对性地推送广告。以广告家 Pro.cn 为例，它拥有庞大的场景数据，这些数据可用于 O2O 商家推广，在线上拉动用户，进而引导用户在线下消费。

（3）广告定向投放技术

以数据分析与地理位置为基础，广告可以实现定向投放，做到与"正确的人"对话。事实上，定向投放技术与数据挖掘技术是相辅相成的关系。例如，使用广告家 AdPro 定向投放广告，对信息进行收集，获取反馈，进而开展实时优化。

据了解，广告家的流量来源全部带有场景化特征。例如，网吧、酒吧、校园等资源的 Wi-Fi 区域性非常强，广告家可借助其系统实现精准定位，进而定向投放广告。广告内容可精准投放到一公里范围内的点位，也可以投放到附近正在上网之人。

从本质上来讲，无论是媒介变更，还是场景营销升级，都与"数据"与"技术"的应用密不可分。广告主第一方与第三方数据连通，为其开发新用户、进行 CRM 管理提供了巨大的价值。

6.2　连接一切：移动互联网时代的场景构建与运营

6.2.1　重新定义场景：移动时代的场景重塑

在市场营销领域，基于具体生活场景进行产品或品牌营销的现象并不少见，如在房产销售、旅游景区推荐中，大多会运用场景营销方式。不过，与工业时代和 PC 互联网时代不同，移动互联网时代下的场景已被重新定义，各类 APP 的大量涌现将用户带入了新的碎片化场景，成为企业直接连接用户、进行品牌或产品营销的重要入口。

从总体来看，移动互联网时代场景的移动化、分散化和碎片化特质，颠覆了传统的商业逻辑和营销思维，为企业和品牌带来了一场新的场景营销革命乃至全新的商业思维和运作逻辑。

移动互联网的发展成熟进一步释放了人的个性，让人成为市场运作的中心，成为场景中最为核心的部分。同时，移动互联网时代，"人即媒体"，**每个人都成为信息分发渠道，而场景则基于人与人之间的关系形成了一种信任链条**。例如，PC 时代人们主要通过门户网站获取资讯，当前则更喜欢从朋友圈中获得信息，因为出于对人际关系链的信任，人们相信朋友圈中的信息对自身更有价值。

当人成为市场核心时，产品的意义也就随着发生改变。工业化时代，产品是一种"完成时"，出现在用户面前时就已被严格定型，不会再发生变化；与此不同，移动互联网时代的产品更多的是一种"进行时"，其功能和价值是基于碎片化场景和人们的个性化诉求而不断被重塑的。

场景化中的产品能够通过人的参与而具有一种"人性化"特质，从冷冰冰的物品转化成一个有"温度"、有"故事"的价值符号。例如，口袋购物等移动电商平台近些年发展迅猛，其背后体现的是一种人格信任关系，而这正是移动场景对产品意义的重构。

从营销角度看，商家能否突破场景的固有内涵，深刻精准地把握移动互联时代的场景特质，定义和搭建以用户为中心的新场景，成为能否获取场景营销红利的关键。移动互联网的发展使场景超脱了单纯的物理概念，人成为场景的核心要素，如玩手游、看电影、约会、喝茶等场景，是围绕人的体验展开的。具体来看，**移动互联网对场景的重塑包括 3 个要素，即体验、连接和社群。**

移动互联网是一个体验经济的时代，体验是场景的首要因素。以往，消费者对商品价格十分敏感，而在场景消费中，用户注重的是体验，愿意为体验付费。同时，移动互联网时代下对社交、娱乐、商业等不同场景的判断，首要表征也是体验。

移动互联网的发展成熟、手机等移动智能终端的广泛普及，使"连接一切"成为现实，以往静态的物理时空场景被重构为移动化、碎片化、多元化的日常生活情景。层出不穷的移动 APP 对场景形成了新的定义，并由此重塑了产品意义和商业逻辑。

移动互联网时代的场景也突破了物理条件的束缚，将分散的同质性用户迅速聚合起来，形成一种具有亚文化力量的社群，为商家带来了巨大的商业价值想象空间。

可见，移动互联网时代对新场景的定义主要包括 3 个维度：**以体验为核心，以连接为中心，以社群为最大公约数。**

6.2.2　以体验为核心，以连接实现场景跨界

以体验为核心，就是通过场景化互动，让用户形成一种情感代入和心理共鸣，从而让冷冰冰的商品拥有"人格"魅力，实现对产品或品类的重塑。

以往的规模化经济时代，产品和服务主要以大多数人的需求为导向，个性化消费诉求被抑制，人们没有多少选择，对价格较为敏感。这一背景下，以亚马逊为代表的第一批电子商务网站，借助规模化仓储、标准化物流等

手段大幅降低了用户的购买成本，并凭借便捷、多元、低价优势获得众多消费者的青睐，电子商务也成为 PC 时代的主流商业模式。

进入移动互联网时代，移动互联技术、精细化生产、3D 打印等诸多新技术的发展成熟和广泛应用，改变了整个商业市场生态格局：分散的个性化需求被快速聚合起来，企业通过个性化定制生产充分满足了用户对产品或服务的个性化、多元化诉求，越来越多的商家开始将目光从"头部"主流市场转向长尾细分市场，以往不足以支撑起一个行业的垂直细分品类如今拥有了巨大的商业想象空间。

> 瑜伽以往只是一个十分小众的运动，当前却已成为一个备受追捧的热门行业。特别是在一、二线城市中，练瑜伽已成为很多女孩子的一种标签和符号，体现了追求品质生活的态度。
>
> 移动互联网将这些分散在各地的瑜伽修炼者连接聚合起来，形成了一种具有自身独特标志的亚文化社群，进而借助社群挖掘出更多的商业机会。如练瑜伽时需要穿瑜伽服，而随着瑜伽运动社群规模的扩大，必然会带动瑜伽服消费市场的快速发展。近两年来，风靡全球的女装品牌"维多利亚的秘密"销售增长最快的产品品类就是瑜伽服。

需要注意的是，场景营销的背后是可量化的数据信息。商家只有借助智能传感器、开源的硬件或软件、移动互联网等对碎片化场景不断进行量化，对百度指数、微博热度等一系列数据信息进行大数据分析，才能精准把握消费者的需求偏好，明确有多少人搜索自己的产品、有多少用户愿意为此付费，进而有针对性地进行产品定制和个性化服务，为用户带来更好的场景消费体验。

移动互联网是一个"连接一切"的时代，网络的去中心化或多中心化特质，推动了各点间的互联互通，这种高度的开放连接为创造新跨界提供了有力支撑。以人的体验为核心的场景连接将分散的个体快速聚合起来形成亚群体和亚文化，这些亚群体借助移动互联技术打破了以往的生态隔绝状态，突破业界壁垒形成跨界连接组合。

> 影视行业和服装行业在过去是互不干涉的两个领域，很难实现跨界组合。现在，借助移动互联网的场景化连接，两者之间却能够快速跨界协作。人们观看《来自星星的你》或《匹诺曹》电视剧并对主角的服装产生兴趣时，便会在网上进行搜索和评论；厂商则基于对百度指数、微博热度等数据的挖掘分析，精准定位人们的消费需求，然后据此进行研发生产，并迅速在淘宝等平台中推出同款服装，从而借势热播剧进行服装的跨界营销。
>
> 这意味着，将影视剧场景和购物、社交等场景连接起来，将会为人们创造一种全新的体验场景，从而推动跨界新品的出现。

6.2.3 打造社群：实现场景价值的有效路径

移动互联网也是一个社群经济时代，社群是实现场景价值最大化的有效路径。

当前，场景革命已经全面爆发，越来越多的用户愿意为特定的场景解决方案付费，社群商业呈现场景化转变，场景成为商家获取流量最主要的入口。由此，旅游、教育、餐饮等越来越多行业中的社群形态出现新的变化，进而推动新商业思维和产业模式的产生。可以预见的是，随着社群生态中组织模式和组织关系的场景化变革，整个社群商业体系也将出现重大变革。

各类基于碎片化场景诞生的 APP 充分表明了这一点：社会生活场景的移动化、碎片化，要求商家能够基于具体的个性化场景提供更多垂直细分解决方案，而 APP 无疑是这些解决方案最佳的呈现形态。

由此，美甲、健身、美容、厨师、打车、旅游、摄影等各类垂直细分APP 不断涌现。这些 APP 基于碎片化的现实生活情景，为用户提供最佳的垂直细分场景解决方案，因此与以往的 APP 相比具有以下两大特点。

◆ **更注重实际场景的构建**

　　场景化 APP 是基于具体场景、为解决人们生活中的某种实际需求产生的，因此多集中于 O2O 领域，是通过线上线下的有机融合为用户提供最佳的问题解决方案和场景体验，体现了互联网的进一步下沉。由于这类 APP 精准洞察和满足了用户的某种现实生活需求，因此具有较高的用户黏性和使用频次。

　　与传统 APP 相比，这类 APP 更加关注碎片化场景中垂直细分问题的解决，注重通过搭建多维场景为用户提供更优质的使用体验。例如，Uber 的打车服务、河狸家的美甲服务、爱大厨的厨师上门服务等，是基于垂直细分场景需求产生的，每个 APP 都是一个具体的应用场景。

　　同时，在解决场景内用户需求时，这些 APP 还会通过时间、空间、行业、兴趣等多维度的聚合，为用户提供更好的服务和场景体验。例如，Uber 打车服务会根据闲忙时间和地段区分收费，河狸家也会基于时间、空间、用户特质等多个方面提供细分的个性化美甲服务。

◆ **更注重社群生态的营造**

　　场景离不开人，基于现实生活中碎片化场景而诞生的 APP 与传统 APP 相比，更加注重人的因素，注重打造以人为核心的社群生态，真正体现了移动互联网商业时代的人本特质。

　　具体来看，这些新型 APP 关注的是人而非产品本身，**是通过对人的连接聚合、对产品中人际关系的构建，营造一个以人为核心的社群生态**。在这一社群商业生态中，垂直细分的现实生活场景是入口，基于个体间共同需求或兴趣等形成的社群则是营销活动的主要场域。由此，场景被赋予了全新的内涵：**场景即产品，场景即社群**。

　　从另一个角度来看，这些新 APP 围绕人的碎片化场景需求，将分散的闲置资源高效连接整合起来，通过构建一个个具有同质性需求的社群创造出巨大的共享价值，因此也是当前迅猛发展的共享经济的一种重要形态。

6.2.4 社群运营：场景即产品，产品即社群

提供垂直细分需求解决方案的新 APP 的不断涌现是场景时代到来的一个体现，现实生活中还有更多没有以 APP 形式呈现的场景。不过，无论移动互联网时代的场景表现形式为何，它们都具有相同的特质——**场景即产品、产品即社群**。这意味着，**场景化时代运营产品就是运营社群**。

当前关于社群经济的讨论已有很多。总体来看，社群运营需要注重以下 3 个方面，如图 6-2 所示。

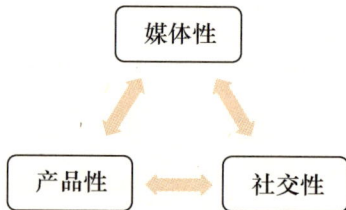

图 6-2　社群运营的 3 个方面

◆ **媒体性**

社群是一种围绕主题的聚合，主题包括以下几个方面：**内容具有明确的强调性，能够持续对成员产生黏性并不断传播**。具体而言，就是人们在融入一个社群时，首先要接受并认同社群内容，对此产生兴趣；之后社群通过持续产出优质内容提高成员的社群忠诚度。从营销角度分析，在同质化的产品中，内容与调性是打造社群特点的首要因素，持续的优质内容创作有利于社群不断积累用户，构建竞争壁垒。

从这一角度来看，社群运营首先是内容的运营，是通过具有媒体性的内容让产品发出自己的声量。微信平台中公众号的快速发展，特别是其巨大的媒体传播优势，已充分体现了这一点。内容主要有两大来源：**一是 PGC**，即社群运营人员基于社群特质持续创作能够明确社群调性的优质内容，形成示范带动效应；**二是 UGC**，即鼓励社群成员参与内容的创作与传播，提高社群活跃度和影响力，充分发挥"人即媒体"的价值。

◆ **社交性**

社群是将具有相同需求或兴趣的人连接聚合起来形成的，人是社群的核心。因此，社群运营的关键是突破产品本身的局限，将关注点放到人身上，通过成员的充分连接交互增强社群活跃度和影响力，不断做大社群，获取更多价值。需要注意的是，虽然很多社群是借助微信群组织起来的，但不能将社群简单地看作微信群，后者只是社群的一种呈现形态和沟通渠道。

在社群成员的连接上，运营人员首先要明确区分成员群体归属。例如，有些产品只连接消费者和产品平台本身，而有些产品还会将第三方服务提供者连接进社群。因此，只有在社群运营中精准定位成员的群体，才能更好地实现成员间的连接，最终营造一个社群生态。

之后，社群运营人员需要通过建立相关机制实现成员间的合理有效连接，以获取更多的社群价值。如通过点评、排名、分享、线上线下活动等方式，实现社群中服务提供者、使用者之间的连接，以及他们彼此内部的连接。

◆ **产品性**

场景即产品，因此社群还具有产品性。需要注意的是，这里的产品是推动社群落地的实物产品或移动互联网产品，体现和承载了社群的媒体性、社交性特质，能够让社群运营更加坚实。

社群产品包括实物产品和移动 APP、公众账号等虚拟产品。前者指具体用品或线下场景等内容，如化妆品、食品、餐厅等。这些实物产品更好地体现和承载了社群的社交性特点，拓展了社群的价值想象空间，如在实物产品中贴上二维码形成的礼品经济形态。线下场景具有更大的创新空间，商家可以针对具体的社群群体，通过跨界联合的方式获取更多商业价值，如海底捞火锅为等待就餐顾客提供的美甲服务等。

虚拟产品即移动 APP、公众账号等，主要是借助移动互联网实现与社群需求的实时连接，并通过融入各种碎片化场景元素为社群成员提供更好的场景需求解决方案。如化妆品产品，可以通过用户的每日使用记录形成相关内容，进而围绕这些内容产生传播与社交行为，如此便与社群运营的媒体性、社交性要素有效关联起来。

移动互联网时代，社会生活越来越被割裂为各种移动化、碎片化、分散化的细分场景，场景时代的到来为企业和品牌营销提供了新的想象空间。场景即产品，产品即社群，当前各类服务于垂直细分生活场景的 APP 不断涌现，充分体现了社会的场景化趋势，也表明新常态下商家的重心已从运营产品转向运营社群。

6.3 数据运营：基于大数据的精准营销与应用场景

6.3.1 大数据驱动下的商业模式创新与变革

对商业模式创新来说，社会"碎片化"与大数据都对其产生了重要影响，驱动效应显著。在大数据资源与技术的作用下，不仅以大数据产业链为基础的商业模式实现了创新（图 6-3），全社会商业模式创新还有了路径可循，技术可依。**一方面，在大数据的支持下，生产者了解、接触消费者有了新的路径与方法；另一方面，大数据为生产者与消费者沟通提供了新方法，为其与消费者连接搭建了新平台。**

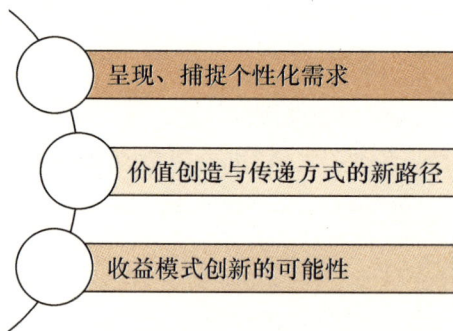

- 呈现、捕捉个性化需求
- 价值创造与传递方式的新路径
- 收益模式创新的可能性

图 6-3 大数据驱动下的商业模式创新

◆ 呈现、捕捉个性化需求

受利基市场、长尾需求识别、长尾价值实现等因素的影响，长尾机会得到了有效利用，但这一切的根源还在于大数据及大数据技术。在大数据及相关技术的支持下，生产工具大众化，个体可以拍摄小电影、录制唱片；分销渠道网络化，在互联网的作用下，数字化内容可以转化为商品，以极低的成本为利基产品开拓新市场；借助功能强大的搜索引擎与推荐引擎，借鉴用户评分与兴趣社区，搜索成本持续下降。

事实上，消费者不同，其兴趣与偏好也有很大的不同，仅依靠传统的技术条件，消费者的这些个性化需求很难得到满足。再加之，消费者的真实需求非常复杂，且具有隐蔽性、易变性、情景依赖性的特征，仅借助传统的技术手段，企业很难收集、掌握。

但是，在现阶段，企业通过分析消费者的海量痕迹数据能在很大程度上了解消费者的真实需求。此外，由于大数据具有强大的快速综合对比分析能力，能在很短的时间内完成多来源、多格式数据的收集、整理、分析、反馈、响应工作，让企业能够实时获取消费者的真实需求。现如今，互联网精准广告推销与商品推介就是最好的应用案例。

◆ 价值创造与传递方式的新路径

现阶段，在大数据资源与技术的支持下，企业能获得源源不断的竞争优势。在大数据的支持下，企业可以进行内部流程再造，重构外部关系网络与价值网络，企业对外部资源的需求内容与方式，企业创造、传递价值的方法与途径、企业的商业生态得以改变，企业的资源边界、契约边界、市场边界愈发模糊，资源可实现跨边界配置与利用，以此为基础，交易内容、交易机构与交易机制能实现创新。

◆ 收益模式创新的可能性

收益模式创新的一个典型案例就是微支付化，也就是根据需要、产品的真实效用、产品的使用进程来付款。当然，这种微支付模式的使用有一个非常重要的前提条件，就是产品的使用过程能记录下来，并且能够实现量化。现阶段，在大数据技术的支持下，很多行业可对产品的使用过程进行动态监控、实时记录，使商品效用变得更加透明。这种收益模式创新在软件行业与媒体广告行业的应用最具代表性。

在软件行业，受软件碎片化、泛互联网的影响，消费者获取软件、使用软件的方式发生了很大的变化，用户可以根据需要下载软件。通过这种方式，**一方面，客户总成本得以显著下降；另一方面，软件收益模式发生了较大的改变，软件企业的关键流程也发生了转移，从软件开发、软件复制、软件销售转向了软件开发、软件服务及为用户提供问题解决方案。**

在媒体广告行业，在"微支付"收费模式的作用下，广告费用对广告效果能产生直接影响，最典型的应用案例就是谷歌地图的点击呼叫功能，Facebook 的"转化追踪"服务等。

6.3.2 大数据时代消费者购买决策的变化

电子商务与移动互联网的迅速发展，使得沿革多年的零售与消费商业发生了巨大的变革。回顾整个商业发展历程，从来没有出现过力度如此之强、形式与内容如此之丰富的转变。而在这种变革背后发挥主导作用的就是数字化，它的出现吸引了不计其数的创业者及企业疯狂涌入，从而为人类社会的进一步发展提供了强大推力。

近年来，网络基础设施的不断完善与相关技术的持续突破，使得数字化进程进一步加快，再加上移动互联网的迅速推广普及，为数字化商业社会的转型升级打下了坚实的基础，在行业竞争不断加剧的背景下，数字化转型已经成为企业成功突围的关键所在。

数字化时代序幕的拉开，对人们的生活及工作产生了深远影响。如今消费者的购物时间与购物渠道不再固定，人们通过智能手机、Pad、PC 机、线下门店等可以随时随地购买自己喜欢的产品，而且人们在购买之前，会从各个渠道搜集产品及品牌的相关信息，购买完成后，会在朋友圈内分享自己的产品体验。要想被如今的广大消费者所认可，并从日益激烈的同质化竞争中成功突围，企业需要不断进行创新变革，完成数字化时代的转型升级。

据调查数据显示，有 79% 的市民青睐于借助社交媒体获取并分享信息，有 52% 的市民会先前往实体店体验商品并对比价格后，再通过线上渠道进行购买，显然，如今的消费者已经发生了重大转变。

在传统商业时代，高品质的商品未必能够让商家获取较高的利润，而其中最为关键的因素就是信息不对称问题，品牌商与渠道商对某一区域的市场实现了垄断，由于消费者对其他地区或品牌生产的优质商品缺乏足够的了解，导致其在竞争过程中处于劣势。

以前，消费者在购买商品时也缺乏足够的主动权，他们获取的信息经过了商家的精心改造，真实性与时效性很难充分保证。而进入数字化时代后，信息不对称的局面被彻底打破，商家想要单方面地垄断信息与渠道是根本不可能的事情。

意识觉醒的消费者在购物方面变得愈发主动，他们会使用各种工具对产品的综合性价比进行比对。卖家不走心的营销推广很难影响其消费决策，而分享在朋友圈内的产品及服务体验则会直接影响消费决策，在微博、微信等社交媒体工具与视频网站及直播平台等载体的传播下，优质的产品将会得到大范围的传播推广，而劣质的产品将会被共同抵制。

自媒体时代，消费者获得了极大的话语权与主动权，产品本身的品质与服务体验是企业能够走向成功的重要基础。以前，消费者从商家购买商品后，二者的关系也就宣告结束，而如今让用户购买商品只是其中的一个环节，在这之后还要进行用户关系维护、关联产品推荐、定制营销、促使其进行口碑传播等。

虽然消费者的购物习惯与消费心理产生了重大变革，但人们购物过程中始终存在着多个必要环节。因此，我们不妨从这个角度进行分析，如图 6-4 所示。

获得 产品信息	认知 过程	深入 了解	交易 环节	再次 购买	客户回馈、 激活环节

图 6-4　消费者购物行为分析

（1）获得产品信息

以前，人们主要从实体门店内获得有关的产品信息，由于消费者本身缺乏足够的专业知识与渠道，门店内销售人员的讲解会对顾客关于产品及品牌的认知产生重要影响。而如今，很多人在前往实体门店购买商品前，往往会在计算机、Pad、智能手机等产品中搜索相关的信息，从电商平台中了解产品的详细参数、用户评论及价格等。

而对于那些决策链较长的产品（如价格较贵的家电、家居产品等），由于这类产品对线下体验有较高的依赖性，消费者需要前往实体店内进行实际体验后再进行购买。在前往线下门店的过程中，消费者可能需要使用打车软件或者是地图应用。如果从大数据的角度上分析，这些特定场景内的消费者的行为可以被商家所掌握，从而向其推荐自己的商品或服务。

（2）认知过程

如今的消费者对某种产品或者品牌的认知，往往是在碎片化的时间中通过各种渠道获得的。线上与线下都会对消费者的认知过程产生重要影响。当然，由于不同的产品购买成本（包括时间成本与资金成本）、决策周期等会存在一定的差异，其认知过程也会有所不同。对于品牌商来说，最为关键的是对目标群体有充分的认识，能够将其进行精准划分，在不同的消费决策阶段，通过差异化的渠道施加影响。

（3）深入了解

事实上，搜索巨头谷歌对于移动互联网时代人们在消费过程中表现出来的行为产生了深深的忧虑。因为很多消费者通过智能手机等移动终端进行购物时，往往直接进入 eBay、Amazon 等电商平台，直接获取产品及品牌信息，并进行比较等，而不是使用谷歌浏览器来搜索相关的产品信息。

值得商家关注的是，消费者对产品、品牌进行比较的手段越来越丰富，获取信息越来越专业而全面。以智能手机产品为例，在中国市场，以安兔兔评测为代表的诸多跑分软件的出现，使得广大民众获得了一种对智能手机硬件性能进行量化考核的有效工具，从而对智能手机销售产生了重大影响。

（4）交易环节

明确自己需要购买的商品后，消费者会根据自身的需求选择合适的渠道及交易方式进行购买。而移动支付以其方便快捷的优势迅速赢得了广大消费者的认可，这也导致了互联网公司在移动支付领域展开了激烈竞争。

（5）再次购买

不只是短信、微信、微博、电子邮件等会对用户复购率产生影响，视频网站、导航软件、直播平台可以成为刺激消费者进行二次购买的重要工具。

（6）客户回馈、激活环节

线上线下融合的 O2O 场景给消费者带来了全新的体验，但从整体来看，刺激人们消费的无外乎积分、会员、买赠、满减及打折等，对此消费者也逐渐产生了视觉疲劳，而苹果公司研发的 iBeacon 技术与部分企业在无线入口布局等新玩法逐渐走入公众视线，并受到了越来越多的企业的追捧。

6.3.3 精准营销：借助大数据获取用户画像

大数据时代，围绕移动终端展开的大数据精准营销受到了企业界的一致青睐。企业需要充分借助大数据技术对用户需求进行深入分析，并精准对接目标群体，最终制订出行之有效的营销服务解决方案。

所谓的精准营销，可以简单地将其概括：**在合适的时间与地点，将合适的产品或服务提供给对的人。**而大数据在其中扮演的角色就是让企业能够通过对用户数据进行搜集、分析及应用，从而定位目标群体，挖掘用户需求，并制定出营销服务解决方案，最终实现企业与用户共赢。

◆ 精准营销：有效利用大数据

对于如何将大数据应用至精准营销过程中，我们不妨从以下 3 个案例中借鉴经验。

（1）尿布与啤酒

在普通人的印象中，我们恐怕很难想象到尿布与啤酒这种两种毫不相干的产品能够产生任何的关联。然而美国的零售巨头沃尔玛却通过大数据分析找到了其中的奥秘，由于超市工作人员将二者摆放在靠近的位置，而使得二者的销量都获得了大幅度增长，从而成为营销界广泛流传的经典案例。

隐藏在其背后的奥秘其实是因为当时的美国家庭妇女因为在家照顾年幼的婴儿，而不方便出门购物，所以购买尿布等必需品的任务通常就由丈夫来完成，而丈夫购买尿布的同时也会购买自己经常喝的啤酒，将二者摆放在相近的位置后，自然会有效提升它们的销量。

（2）半夜 12 点秒杀

据研究数据显示，人们上网的时间主要集中在中午 12 点之后与夜间的 12 点以前。之所以会有这种情况，主要是因为人们喜欢在休息前使用互联网。于是很多淘宝商家针对人们的这一习惯推出了半夜 12 点的秒杀活动，从而极大地带动了产品销量。

（3）出行定制服务

国内经济比较发达的城市中，交通拥堵问题日益突出，这给人们的出行带来了极大的困扰，尤其是在上下班高峰期间，人们出行的时间成本会成倍增加。而如果我们借助大数据技术，为处于相近区域、相同出行时间及相近目的地的人们提供定制公共交通出行服务，则能够有效缓解城市的交通拥堵问题。

上述 3 个案例都是通过对目标群体数据进行深入分析，从而发掘出了用户的消费习惯、需求心理等，从而帮助企业实现定制化的精准营销。

◆ **精准营销的核心：用户画像**

对于身处移动互联网时代的企业来说，不但要充分掌握自身的产品卖点、市场定位，更要对同行业的竞争对手及目标群体有清晰的认识。而充分掌握目标群体的信息后，企业就可以针对不同的细分群体采用差异化的营销策略，通过对用户进行定制化营销来有效提升转化率。描绘出清晰的用户画像是实施精准营销的前提。从营销的角度来看，企业的用户画像越精准，营销所耗费的成本就会越低，取得的营销效果也会更佳。

（1）什么是用户画像

简单地说，**用户画像就是通过各种指标去清晰地描绘出用户群体的特征。一般来说，企业描绘的用户画像通常包括年龄、收入、职业、购买力、家庭状况、受教育程度等。**

对于企业而言，描绘用户画像的关键就是根据自身的产品特点与商业模式来分析目标用户，如餐饮企业会更加倾向于分析用户的口味、饭量、体重、购买力、居住地址等，从而向他们推荐相应的菜品或者送餐服务等。

（2）用户画像三部曲（图 6-5）

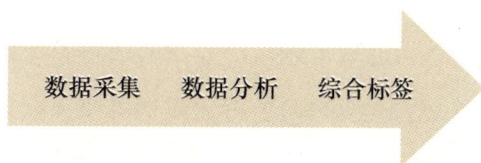

数据采集　　数据分析　　综合标签

图 6-5　描绘用户画像的 3 个步骤

描绘用户画像主要经过 3 个步骤：数据采集、数据分析及综合标签。

数据采集。这一阶段，企业需要尽可能全面地获取用户数据，通常将用户数据分为两种：一种是以性别、地区、年龄、职业、受教育程度为代表的静态数据；另一种则是搜索、浏览、评论、交易等不断发生变化的动态数据。

数据分析。数据搜集完成后，企业便需要对这些数据进行分析，掌握用户的兴趣爱好、性格特征、需求习惯等，并根据自身的产品特征及营销方案对用户的购买概率、需求程度等数据进行量化。

综合标签。 对分析后得出的用户标签进行处理并整合，从而对目标群体有充分的了解。

（3）用户画像的实际运用

描绘完成用户画像后，企业便可开始实施精准营销，此时利用一些特定的消费场景往往能够让营销取得事半功倍的效果，结合场景的特征，并找出与之相关的用户标签，从而实现对目标群体的精准营销。

6.3.4　场景大数据：基于大数据的场景应用

随着移动互联网在各行各业应用程度的不断加深，企业在为客户服务过程中获得了海量的数据资源，云存储技术的出现使企业能够安全、便捷地将这些数据存储下来，而大数据分析、云计算等技术使企业能够对数据进行高效处理、分析及应用。以新一代信息技术为支撑的大数据时代，正在向我们迎面走来。

大数据应用给用户带来了诸多困扰。当用户使用各种 APP 应用时，不可避免地要涉及后台系统个人信息搜集环节。而且在接入互联网及移动互联网的过程中，普通用户很难了解自己的个人信息是否遭到泄露，具体是在哪个网站泄露了数据。即便因为数据泄露造成个人财产损失，也缺乏有效的手段及机制来保护自己的合法权益，遇到这种情况时，人们会感到相当无助。

在这种背景下，人们对企业将用户数据用于商业目的存在着一定的抵触心理。如果企业在没有取得用户同意的前提下，私自将搜集到的用户数据提供给其他商家，被用户发现后很容易引发各种矛盾冲突，甚至遭到用户诉讼。

传统媒体时代，渠道及媒介的垄断使得营销内容能够在电视、报纸、杂志等传统媒体中实现大范围的有效传播。进入社交媒体时代后，个体发声的需求在短时间内集中爆发，随之而来的是用户数据规模呈几何倍数增长。这种局面下，如何科学合理地应用海量的用户数据资源，成为企业亟须解决的重点问题。在诸多的探索路径中，基于大数据的场景应用受到了越来越多的企业的认可。

◆ 基于场景的数据挖掘与个人画像

技术变得更为智能化、人性化，是大数据时代的一大明显特征。以滴滴出行为例，它能够对用户所处位置进行定位，并根据路况信息对出行路线进行科学合理的规划，告知用户预计到达时间等。不难发现，滴滴出行是将用户乘车出行打造为一个场景，以场景的思维方式为用户提供服务。

将场景作为思维方式时，互联网以及移动互联网转变成为企业和目标群体进行连接，并构建场景的有效工具。打造场景也是企业综合实力的一种体现，其关键在于企业能否借助互联网与移动互联网与用户实现高效率、低成本的实时连接。

当智能穿戴设备分析出用户有出行计划时，它能够及时向用户推送天气信息、路况信息及酒店信息。当用户入住酒店后，酒店将根据用户数据对房间内的装饰进行调整，甚至用户还能在房间内看到自己最喜欢喝的咖啡、最喜欢看的杂志等。

此时，如果广告商能够根据当地的天气信息、用户的消费习惯等来向顾客推送附近各种性价比较高的餐饮店、旅游景点等定制化内容，不但不会让用户产生反感，反而会认为商家非常的人性化。这种对数据的应用方式才是企业界应该提倡的，也是广告商能够在大数据时代完成互联网化转型的有效途径。

在用户需求主导的新消费时代，媒体人也逐渐认识到：简单地在新闻内容中罗列大量的事实及数据，会导致新闻内容枯燥乏味，只有在内容中加入更多的人性化与个性化元素才能赢得消费者的认可。我们看到，虽然智能机器人也能生产新闻内容，但媒体更多的是用它来报道体育类的新闻，而且其报道效果要比激情澎湃的专业体育解说员差得多。这也是为何机器人永远不能取代新闻记者的核心因素。

人性化及个性化绝不仅仅体现在新闻内容方面，它是大数据时代所有企业在为用户服务过程中都应该严格遵守的基本准则。对用户需求进行精准发掘，在构建的各种丰富多元的场景中，为用户提供人性化及个性化的优质服务，将是大数据时代的主流发展趋势。

◆ **新时期的场景营销：基于个人画像的精准营销**

互联网时代企业普遍采用的营销策略：人们在使用互联网过程中的搜索数据、电商数据、社交数据等各类数据，都会被网站的后台系统搜集，并不定期地向用户频繁推送各种内容，无论用户此时是处于休息时间还是上班时间，这给用户体验带来了极大的负面影响。从营销成本角度来看，这种营销策略和传统媒体时代的"广泛撒网式"逻辑并无本质的差异，企业要为此付出大量的人力、物力资源。企业也仅是简单地了解到用户具备购买能力及购买意愿，对于用户喜欢什么类型、通常会选择什么时间购物等信息一无所知，显然这是一种对大数据的浅层次应用。

而大数据时代，企业管理者需要思考以下问题：企业需要获取何种数据？如何才能高效低成本地获取这些数据？如何从这些数据中发掘出有价值的信息？如何确保这些数据的存储安全？如何利用这些数据来提升用户体验？

面对这些问题，有探索精神的时代弄潮儿提出了"超级私人助理"的概念。超级私人助理能够快速获取目标群体的背景资料、消费习惯、兴趣爱好、购买力等，并在此基础上从产品库中对产品及服务进行组合搭配，以便为广大消费者提供科学完善的服务解决方案。

超级私人助理在应用用户数据的过程中，可以做到精准高效地了解用户当前的状态信息，从而成为企业在大数据时代开展场景营销的有力武器。其营销逻辑和传统的营销方式存在明显差异，不需要企业花费较高的成本而尽可能地对更多的人施加影响，以较低的成本为个体推送个性化内容，在提高转化率的同时，也降低了营销内容对用户体验的负面影响。

如何才能利用用户数据来提升用户体验呢？**除了提高对技术处理及分析的能力外，企业还要实时掌握用户需求，并在顾客有需求时率先满足其需求。也就是说，积极主动地发掘用户需求，并将满足这些需求的产品及服务推荐给顾客，而不是被动地等待顾客上门。**

这对企业实时把握用户动态需求的能力提出了极高的挑战，企业不仅要根据用户数据来分析其现有需求，甚至要精准预测其潜在需求。例如，智能可穿戴设备可以根据跑步爱好者的体重、经常跑步的路面状况、跑步的频率及时长等信息，及时提醒用户更换运动鞋，与此同时，用户要更换运动鞋及用户鞋子的尺码、对运动鞋的偏好等数据也及时推送到了附近的门店中，从而在顾客上门时能够为其提供优质完善的服务。

以大数据技术深度应用为支撑的定制内容推广，降低了用户的购物时间成本，实现了产品的定制营销，而且有助于企业及时调整产品品类，提升库存周转率，使企业实现价值最大化。

基于场景的大数据发掘，在对目标群体进行精准定位的同时，加入了更多的人性化及个性化元素，有效降低了企业运营成本，使用户体验得到大幅度提升。这种以用户需求为中心、将商业价值建立在为用户创造价值基础上的商业逻辑，迎合了移动互联网时代的发展趋势，未来将会成为企业在激烈而残酷的市场竞争中构建核心竞争力的核心所在。

第 7 章

新媒体运营：
媒体碎片化时代的品牌传播

7.1 新媒体营销：将社交红利转化为营销新动能

7.1.1 营销嬗变：新媒体营销时代的来临

早在第一代互联网（Web1.0）时期，网络营销就出现了，立足于内容创作者的角度来分析，这个时期的营销主要是通过网络平台进行内容发布。在营销过程中，商家占据主导地位，用户需被动地接收信息。与平面广告、电视广告相比，除了形式以外，从根本层面上来说，网络广告的生产及输出方式与前者一致。通俗地理解，就如同传统广告媒体用新平台来进行内容传播。

在第二代互联网（Web2.0）时期，营销人员围绕用户开展自身运营，其营销方式具有娱乐化、碎片化的特征，与此同时，内容营销逐渐普及，博客、播客成为主要传播方式，商家与用户之间的互动价值凸显出来。

在这个时期，用户不仅是内容接收方，也可作为内容创作者，在互联网传播过程中，用户生产出来的内容也能引起大众的强烈反响，专业内容创作也可以参考用户意见，更好地抓住用户的兴趣点，贴近其实际需求，使内容创作者、营销者与用户之间的联系更紧密。在 Web2.0 的基础上，传统网络营销在思维层面产生变革，新媒体营销由此诞生。

要对营销进行深入探讨，就有必要认清营销与销售之间的不同。销售则是以当下产品及资源为前提，面向市场出售特定的产品与服务，其目的是通过服务消费者获取利润。

相比之下，营销更注重从战略规划的角度出发，使企业在面临外部环境发生的改变时，能够基于自身建立的完善体系并根据市场需求做出调整。因为核心用户的需求并非一成不变，而企业在长期营销过程中则聚焦于为用户提供相对应的产品与服务、为了达到营销目的，企业在具体实施过程中会把加强内部管理及外部控制结合起来。

那么，营销与销售之间的关系是怎样的？"现代管理学之父"彼得·德鲁克认为，**在很多情况下，进行销售是必不可少的；不过，营销就是为了超越销售，其目的是了解顾客，把握顾客的需求，在为顾客提供与其需求相符的产品与服务的基础上，使销售水到渠成。**在理想状态下，营销还未正式开展，就有顾客做出了购买决策，之后要做的就是帮助顾客轻松获取产品与服务。

高效的营销可以大幅降低日常销售业务的难度，若能够达到理想状态下的营销，即客户在认可企业产品及服务的基础上产生购买欲望，那么，销售便是自然而然的事情。

需要注意的是，用户的消费决策受到多种因素的影响，如产品质量、配套服务、市场价格、技术完善等。

企业在制定营销战略时，应该采取有效措施激发用户的购买欲望，并使其愿意为自己的产品或服务付费。在这方面，采用"饥饿营销"的小米以及打亲情牌的脑白金取得了优异的营销成果，可作为其他营销者学习的榜样，为其提供优秀经验。

企业旨在通过营销与用户展开互动，新媒体营销方式能够在很大程度上推动企业的发展。营销与直接销售是存在区别的，企业能够利用营销将内部管理与外部控制更好地结合起来。

举例来说，有企业通过微信公众平台发布商业信息，主题为该品牌在某天举办优惠活动，所有产品半价出售。从根本上来说，企业是在进行促销，虽然这种方式属于销售的范畴，但并非营销，这与实体店在门口张贴"特大优惠！今日店内产品一律半价"的促销方式是一样的。

在企业营销过程中，新媒体的价值不仅局限于为企业发布促销信息提供渠道。企业要改革传统营销方式，转型为新媒体营销，就要有意识地建立完善的生态体系，而不是简单地采用新兴媒体平台，或者开拓线上推广渠道。新媒体营销能够对企业的管理运营发挥指导作用，促使企业突破传统思维的限制，通过高效互动与客户达成合作关系。

7.1.2　价值聚焦：新媒体营销的四大优势

第二次世界大战结束，稳定的大环境使经济呈现蓬勃发展姿态，传统市场营销模式应运而生，这种营销方式曾为许多企业的发展做出了巨大贡献。但面临激烈的市场竞争，很多企业急于取胜，其营销方式在演变过程中超出了消费者的接受程度。

因此，无论是传统行业还是移动互联网领域，都对新媒体营销抱有很大期望。因为新媒体在成本控制、思维创新等方面比传统媒体更胜一筹，能够帮助企业弥补之前投入大量资金却得到不到良好效果的问题，提高消费者对企业品牌及产品的认可度，增进企业与用户之间的关系，使双方能够展开高效互动。

新媒体营销的诞生除了能够与传统营销方式配合发挥作用之外，还可能引发彻底性的变革，以新兴商业模式及社会文化的姿态出现在市场上，采用新媒体营销的企业不仅能重塑消费者对产品的认知，并培养其新的消费行为，还能在市场竞争中处于优势地位，凸显自己在整个行业中的重要性。新媒体营销具有四大优势，如图7-1所示。

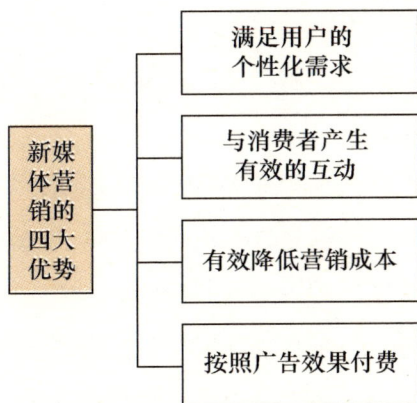

图 7-1　新媒体营销的四大优势

◆ **满足用户的个性化需求**

将新媒体营销与传统营销方式进行对比可知，以搜索引擎中的关键词广告及网络平台中的推荐信息为代表的新媒体营销，对于目标受众的指向性更强。

随着移动互联网的高速发展，消费者将更加注重自身的个性化需求。在选购时，位置因素、时间因素、获取方式及渠道等因素能作用于其决策，因此企业可通过先进的技术手段对顾客需求进行有效分析。

举例来说，以亚马逊、淘宝为代表的电商平台以迅猛发展姿态出现在市场上，用户之所以青睐于通过这些网络平台满足消费需求，是因为这类平台既能为其提供低于传统销售方式的优惠价格，还能通过物流系统，将商品直接送到消费者手中。

因此，很多用户倾向于选择方便、快捷的消费方式，从产品经营者的角度来分析，在营销过程中强调这些因素，能够提高信息推广的有效性，从整体上推动企业的发展。

◆ **与消费者产生有效的互动**

传统营销方式更加直接一些，相比之下，新媒体营销能够增强品牌与消费者之间的关联度，帮助企业实现大范围信息传播。

企业需要在营销过程中调动潜在消费者参与的积极性，在与用户互动过程中进行品牌推广，建立品牌口碑，在树立良好形象的基础上持续发挥品牌效应，降低营销难度。

随着网络的普遍应用，纷繁复杂的信息参考增加了用户的决策成本，若仍采用传统营销方式，将信息发布出去就算完成推广任务，企业将很难达到理想的营销效果。

为了解决这个问题，企业需发动用户参与到自己的营销过程中，成为品牌信息的推广者，帮助企业进行营销，从而提高企业的营销成效。企业采用这种方式，可以缩短与用户之间的距离，并掌握更多的用户数据。

在新媒体营销过程中，消费者不再处于被动地位，而是更加关注产品及服务体验、自身参与，企业可通过新媒体营销来对接消费者的个性化需求。

◆ **有效降低营销成本**

谈及新媒体营销，很多人比较熟悉，常见的新媒体包括微信、微博、门户网站、贴吧、论坛、视频互动平台等。

采用新媒体营销方式的企业既能拓展企业推广的方式，还能帮助企业实现成本控制。在传统模式下，企业为进行信息传播，需要投入大量成本建立自己的网络平台，通过该平台向用户传递产品及品牌信息，尽管耗费了大量资金，但最终获取成功的仅为少数。

不同于传统媒体，在新媒体时代下，企业可借助大量开放平台进行信息传播，且无须任何费用，即便是需要企业拿出一定资金，也大大低于传统营销的成本支出。企业在进行品牌推广时，不用再投入大笔资金，而只需专注内容生产，如果企业输出的内容能够打动用户，其信息就会被分享、转载，实现大范围传播，从而降低企业的营销成本。

◆ **按照广告效果付费**

由于无法判定传统媒体的广告效果，很多广告主更倾向于新媒体营销，另外，由于新媒体在品牌推广过程中，可以更好地实现线上线下渠道的对接，从而在品牌打造及品牌推广中更具优势。

由于新媒体营销具有更强的针对性，营销者能够依据具体效果向广告主收取报酬，而传统媒体营销很难实现这一点。如今，以效果付费方式吸引客户的网络广告商不在少数，当社交网络营销方式成为主流后，效果付费广告也会持续发展下去，在具体运营过程中，销售者可以将粉丝规模、点击量、顾客咨询数目、销售业绩等作为收费指标。

概括而言，以传统媒体为参照，新媒体之所以能够从蒸蒸日上的现代传媒领域中脱颖而出，晋升为企业不可忽视的现代营销方式之一，是因为其在营销应用中占据了优势地位。

与传统媒体营销一样，新媒体营销的参与主体也是由广告主、广告公司以及新媒体平台共同构成，体现出营销方式在发展中的沿袭与保留。

新媒体的另一种说法是社会化媒体，在其运营过程中，用户与用户之间、用户与平台之间的关系非常关键。在具体操作时，媒介公司能够借助新媒体平台，增加与用户之间的互动，从这个方面来说，新媒体营销比传统营销更具优势。

新媒体营销也是营销方式的一种，因此，在其应用过程中，最关键的是营销评估。只有对营销行为进行量化，才能为行为主体的战略实施提供更加可靠的保证。

7.1.3　打破孤岛：品牌的碎片化场景营销

这是一个碎片化的时代，"时间碎片化"是对当前社会个体存在状态的一种典型刻画。用户注意力成为商家争抢的稀缺资源，获取和转化成本不断提高。因此，如何在移动化、分散化、碎片化的场景中成功吸引用户眼球，在激烈的注意力资源争夺中占据优势，进而高效促成消费转化，成为每个B2C制造业营销人员在进行品牌传播时需要考虑的重要课题。

从个体层面来看，人是一种社会性的存在，这一本质决定了个体对归属感的必然需求，并对人们深层次的思维与行动形成指引。然而，移动互联网时代信息的碎片化与高速传播，在为个体带来海量信息的同时，也将每个人割裂为一座座"孤岛"，使人们难以获得群体归属感与认同感。由此，迷茫、焦虑成为碎片化媒体时代社会个体的普遍症结。

从营销角度看，个人焦虑对品牌传播或许无足轻重，但品牌碎片化所产生的"焦虑"是营销人员不得不重视和解决的重要问题。

对生产型企业来说，要在移动化、分散化、碎片化的环境下成功吸引用户眼球，最佳的方式是与用户进行即时互动：企业基于碎片化的环境，搭建一个与之契合的交互场景，从而让消费者在舒适的场景互动体验中自然而然地接受商家的营销信息。例如，人们饥肠辘辘而又不愿做饭时有"饿了么"，需要打车出行时有"滴滴出行"，想要买电影票时则会想到格瓦拉、猫眼电影等。

这种"碎片化"的场景营销改变了以往强行推送的轰炸式信息传播方式，在消费者最需要的时候及时出现，从而使品牌营销更具个性化、互动性和参与感，充分体现了互联网商业时代的人本特质，也成为治疗企业互联网焦虑的一种有效方案。

> 全球轮胎科技领导者米其林集团通过打造米其林餐厅，使自身以美食家的身份被大众所熟知，成为传统企业亲和市场、实现创意营销的典型。虽然像轮胎这类传统企业大多并不习惯进入用户的日常生活，也不会去模仿米其林的营销策略，但随着社会步入体验消费时代，基于搜索定位和数据分析的场景化综合服务已成为品牌营销的必然趋势，且逐渐超出了商业营销的范畴。如当前已有越来越多的轮胎企业通过赞助体育赛事拓展自身的媒介传播渠道。

"碎片化"的场景营销成为移动互联网商业时代企业争夺用户注意力的主要方式。在这方面，国外对生活场景的成功模拟和搭建甚至能够预测犯罪行为，从而为保障公共安全提供有力支撑；国内的场景模拟则多集中于购物和社交服务领域。

社会化媒介的不断涌现和发展将社会中的每个人都置于媒介的包围之中，这使信息可以全天候、全方位地进入受众视线，移动化、碎片化、分散化的时间与生活图景中所蕴藏的营销价值被充分挖掘出来。

品牌传播最是紧贴时代潮流，公众也确实见证了互联网广告在碎片化媒体时代的爆发式增长。然而，从实际效果来看，很多品牌虽然始终紧跟用户，总是出现在用户碎片化的生活场景之中，但无法给用户留下一个完整的品牌形象。更常见的情况是，人们早上玩手机时刚看完某个品牌广告，到中午便可能只剩下一点模糊的印象，也无法想起品牌的主张与卖点。

究其原因，这种品牌广告形式多依托于碎片化内容，虽然能够更多地送达到消费者，但是一种分散化、浅层次、割裂式的传播，犹如蜻蜓点水一样难以给人们留下深刻印象，很容易"淹没"在众多其他碎片化信息中，更不用说将这些碎片化信息贯通整合起来形成对品牌的整体感知。

一个明显的现象是，很多品牌总是追随着消费者的脚步，媒介扩张到哪里，广告就投放到哪里。结果广告投放渠道虽然越来越多，与消费者的接触也不断增加，但将原本整体性的传播策略不断拆分，导致品牌呈现形态的碎片化，难以给用户留下完整深刻的印象。

正如任何成功的作品都离不开对整体结构的把控，品牌传播也不只是单纯的碎片化的信息推送，而必须从品牌整体形象的塑造出发。例如，享誉世界的轮胎公司倍耐力曾使用超过 8 种营销工具，当前却正在向集中式营销策略回归，以避免品牌被蜻蜓点水式的碎片化传播撕裂成一块块碎片。

7.1.4 全域营销：实现全方位的品牌传播

互联网是一个以用户为中心的商业时代，品牌传播也必须从消费者角度出发，迎合人们的媒介接触习惯。然而，越来越多的经验表明，一味迎合人们的碎片化信息诉求，虽然不会出现风险，却也无法产生触动消费者内心的力量，甚至由于品牌传播的碎片化而难以获得预期的营销效果。

另外，个体作为社会性的存在，具有追求稳定、统一、归属、认同的本性，而移动互联网时代下的高度连接和深度分割，却造成了个人深层的心理焦虑与困扰：获得的信息越来越丰富，却是碎片化、不连贯的，无法带来整体认知和归属感，甚至出现强迫关注他人动态的"错失恐惧症"（FOMO，Fear of Missing Out）。

因此，**碎片化媒体时代下成功的品牌营销，并不是一味迎合消费者的媒介习惯，而是通过精准分析人们的真正需求（整体性、归属感、认同感），引导人们的行为习惯，从而为品牌营销赋予打动人心的力量。**

社会性本质决定了人们的整体性诉求不会消失，而书籍无疑是提供整体性认知的最佳工具，读书也是人们改善自我认知的有效方式。不过，在快节奏、泛娱乐化的移动互联网时代，读书，尤其是严肃深度的阅读并不是普罗大众的爱好。由此，门槛低、内容多元、具有休闲娱乐性的电视便承担起提供系统性文化产品的责任，也成为大众获取信息的最主要渠道。

除了满足人们对形式和内容的整体性诉求，电视还逐渐成为碎片化媒体时代的社交黏合剂。经过几十年的发展，电视已成为覆盖社会每一个人的开放的文化媒介，是提供统一信息、塑造集体记忆的最重要载体。因此，在社交互动中，电视节目成为最容易找到共识、实现群体沟通的内容。

互联网虽然是一个倡导个性与差异的时代，但人又具有社会性本能，需要与他人建立联系，寻求群体认同与归属。其实，从深层动机分析，人们凸显自我个性与差异是希望获取他人的关注与认可，这与人们为了避免偏离群体而选择从众具有相同的心理逻辑。

一个较为典型的例子是世界杯期间的"伪球迷"现象。世界杯期间，由于各国电视台都大力传播足球赛事，足球成为时尚先锋和社会主流话题。当其他人都在谈论球队、球星和足球赛事时，如果一个人不去看球，便失去了与周围人交谈的共同语言，无法融入身边的群体。这种脱离群体的恐惧会促使非球迷也去观看世界杯比赛，成为"伪球迷"，这与真正喜欢足球运动本身的球迷显然是不同的。

碎片化媒介时代，各类创新性媒体的涌现虽然大大拓宽了品牌与消费者的接触渠道，但也造成了消费者注意力的稀释。每种媒介都分有用户的一部分注意力，导致注意力资源和品牌传播越来越碎片化，最终影响品牌营销达成预期效果。这一背景下，以往受到社会化新媒介严重冲击的"大媒体"，反而由于具有较强的向心力和凝聚力成为稀缺资源。

社会化媒介时代，虽然多种媒介组合是品牌营销的必然趋势，但为了避免不同媒介"各自为战"造成品牌碎片化，仍然需要一个能够打通全局、可以为用户提供系统性内容和品牌整体形象的主导力量。网络世界为人们展现自我、释放个性提供了自由空间，因此受到大众的偏爱；不过，人的社会性本质又使得个体不可能始终沉浸于自我世界，必须找到可以依靠和归属的力量。

这种多重心理诉求，既为社会化新媒体的发展奠定了基础，也凸显了电视这类传统大媒体的价值：电视提供的系统性文化成为聚合人心、塑造集体记忆的主要载体，满足了碎片化时代人们对整体性、认同感和归属感的需求。

从世界杯到春晚，从身边琐事到国际大事，一方面，电视为现实世界和网络世界中的人际交流提供了最易切入的话题和众多谈资；另一方面，网络互动平台的碎片化传播又反过来促使更多用户将注意力回到电视上来。电视与网络媒介的这种共生关系，不仅没有使电视淹没于层出不穷的新媒介中，反而更加凸显了其在全媒体时代的价值——电视已成为当前最能够聚拢用户注意力的资源。

碎片化时代品牌传播的焦虑，**一方面是由于品牌没有精准定位消费者的深层心理诉求**。不论是跨平台、跨屏幕乃至跨行业传播，还是线上线下整合营销，其实是塑造品牌形象、提高品牌影响力的有效方式，关键在于企业是否精准洞察到用户真实诉求，找到能够打通各方的连接点和整合路径。

另一方面，场景化互动营销已成为移动互联时代品牌营销的主流形态，但前提是互动场景是用户所需求、喜欢且连贯合乎逻辑的，如此才能使品牌被用户全面正确地认知。 互动技术的不断发展成熟为互动营销提供了有力支撑，品牌借助创意与技术的结合对碎片化的生活场景进行重塑，搭建出让用户感到舒适的新对话环境，并通过个性化的场景互动强化用户的品牌印象和认知，形成用户与品牌的强情感连接，最终实现品牌营销目标。

碎片化媒体时代，品牌营销既要借助众多社会化新媒体更多地到达用户，也需要洞察到个性化背后的整体性诉求，借助电视这类具有向心力的大媒体打通全局，通过多种媒介的组合营销获得更大的营销价值。

7.2 多元整合：全媒体时代的营销渠道整合策略

7.2.1 营销造势：整合碎片化的沟通元素

在当下的经济环境下，如果企业的生产营销依然在使用传统的营销方式，如要扩大产品的知名度就打造一场广告，将其放在有影响力的平台上播放等。事实上，这种已经形成思维定势的传统营销方式早已使受众感到厌倦，很难激发消费者的购买欲。与此同时，企业也会发现，其所有的营销活动都找不到"势"。

"势"是什么？简单来说，"势"就是机会、契机、风口。雷军曾说，站在风口上，猪都能飞上天。虽然这种说法过于夸大其词，但也从某个角度证实了风口的作用。没有找到风口的企业就没有活力，所以，对于传统企业来说，如何找到营销之"势"异常重要。

现阶段的市场营销表现出来些许"从过去看未来"的意味。现如今，在互联网的作用下，一个个关系网形成，使世界各地之间的距离为之缩短，将"地球村"的概念落到了实地。在这种情况下，经营关系、打造口碑、建立信誉这些原始的企业运营规范需要被重新拾起。如果几家企业所经营的产品、服务大致相同，企业就非常容易陷入价格竞争，使企业的所有经营活动变成"无用功"。

现阶段，中小型网络营销市场逐渐脱离了传统的市场运营模式，开始探索全新的营销模式。在 O2O 模式的探索之路上，传统网络营销模式依然是基础，线上与线下的连通依然是企业盈利的关键。当然，线上与线下的结合不是易事，需要在多种渠道、方法的帮助下才能实现，才能推动整个市场获利。

在新的营销环境下，用户逐渐占据主导地位，企业从时间与空间维度对用户需求与兴趣偏好进行重新解构，一方面给企业营销带来了挑战，另一方面也给企业营销带来了诸多机遇。为适应这种全新的营销环境，企业不仅要对传播模式进行整合，寻找新的沟通元素，将碎片化的营销策略整合起来，构建最适合企业的营销方案；还要对传播管理策略进行创新，在企业内部做好准备以迎接营销变革，找到营销价值之"势"。

随着互联网的快速发展，现如今，我们已经进入 Web3.0 时代。对于企业来说，在这个时代，其要解决的关键问题就是如何引导传统的营销方式朝互联网平台转变？因为自进入 Web3.0 时代以来，企业拥抱互联网的渴求日益强烈，众多传统的营销服务公司开始想方设法地跻身这个领域，所因循的路径与方法日益准确，所使用的方法日益科学。

使用传统思维做互联网营销的企业依然很多。例如，马应龙在互联网上投放的视频广告《屁股欢乐颂》。虽然这个视频广告投放在了互联网上，但不是网络营销，就是一个采用传统的思维创意方式打造的传统的视频广告而已，创意感不强。马应龙网络营销的失败归根结底在于其对网络营销的理解出现了偏差，网络营销指的不是将产品放在互联网上销售，而是使用互联网思维销售产品。

互联网思维方式是什么？指的就是加强与目标消费群体的互动，与其打成一片，最后形成粉丝经济，构建自己的粉丝帝国的思维方式。

在网络营销方式下，不管是有多年经营经验的企业，还是网上业务刚刚起步的企业，都能处于同一个竞争环境中，站在同一个起点上。另外，企业借助网络工具，如视频、邮件、语音等还可以轻易地改变经营模式与战略，以较低的成本获取更多的客户，及时收集客户意见，提升产品质量，增强客户的满意度与忠诚度，扩大产品经营范围。与此同时，网络营销还可以与线下的营销活动相配合，以线上产品宣传来带动线下产品销售，通过线上与线下的联合达到更好的营销效果。

7.2.2　构建多屏化营销，提供个性化服务

现如今，人们的生活被媒体所包围。从媒体的角度来看，主要表现为媒体形态多样化、数量越来越多、信息量大幅增长；从受众的角度来看，主要表现为对媒体的消费更加自由，个性化需求得到了极大满足。在媒体碎片化环境下，消费者对信息的接收突破了时间与空间限制，但想要将其内在价值挖掘出来，依然要进行多屏整合才可以。

在传统媒体环境下，内容最重要；在网络媒体环境下，终端最重要；在多屏互动时代，发现最重要。社会化传播不仅能将多屏交互变成现实，还能使多屏整合运用的想法落地。在多屏时代，多屏互动能全面覆盖电视、计算机等多信息渠道，再加之多屏互动、多屏共享、多屏转移等特征的影响，在多屏营销的作用下，品牌传播可以在计算机端、手机端、互联网电视端、平板电脑端实现无缝衔接，使品牌定向营销、互动营销有了实现的可能。

举个具体的例子，某视频网站播放品牌广告，消费者看到之后就可以立即使用手机下载，获取优惠券，购买产品，将品牌展示转化为实际购买力。

在这个过程中，很多人会忽视一个非常重要的问题，即每个屏都有一个固定的社会生存体系。因为在多屏互动的过程中需要互动，如果没有互动，多屏就失去了存在的意义。只有通过多维化的互动，参与者才能在其中找到互动关系。所以，如果想让多屏传播的运用效果达到最好，就必须以人的生活、行为轨迹为起点，挖掘更多的社会关系，发现被人忽略、遗漏的关系，对其进行有效利用，这就是跨屏传播所产生的最大意义。

总之，多屏营销是大势所趋，因此，视频营销将迈入一个新阶段。

在新时代环境下，企业竞争归根结底是服务的竞争，将消费者个性化的产品需求与服务需求、个人情感差异视为品牌情感营销战略的核心，在情感包装、情感促销等策略的支持下使企业的营销目标得以实现。将过去那种"请进来"的营销模式转变为"走出去"的营销理念。因为，要想让消费者的需求得到极大的满足，就必须走近消费者，与消费者沟通、互动，倾听消费者心声，满足消费者的物质需求与精神需求。

近年来，在激烈的营销竞争中，为了获取竞争优势，有很多企业都宣称采用体验式营销，但结果总是雷声大、雨点小。大部分人是受企业所承诺的各种好处的吸引而参加，只为凑热闹，真正的参与者寥寥无几，产品营销效果并没有因此得到有效提升。而那些与传统营销模式不同的公益活动，却能使产品的知名度与美誉度得到大幅提升。由此可见，在多元化时代，为消费者提供多种多样的情感服务非常有必要。

对于现代化企业来说，情感营销是必需品，但是这里的情感营销指的不只是组建一支情感营销队伍按企业要求开展情感营销，指的还是广开思路，在消费群体中找寻产品顾问，让消费者对产品效果进行评价。通过这种方式，只要企业有优质的产品，该产品就能得到消费者极大的认可，还能使产品的消费圈大为扩展。在这种新型的服务模式下，无论是情感营销，还是口碑营销，其效果都能得到最大限度的发挥。

有人认为，在情感营销的作用下，我国现有的市场营销格局必将被打破、重塑，一个新的市场营销格局即将诞生。企业要想做好情感营销，必须在其营销模式中构建一个情感营销管理体系。

7.2.3　玩转微信公众号，深挖大数据价值

在电商火爆发展的大形势下，各种推广营销方法不断涌现，在现阶段，微营销表现出了绝对的优势。现下，手机、微信占用用户的时间越来越多，这为微营销的使用带来了一个绝佳的机会。对于企业来说，微信是一个非常好的营销工具与营销平台，其商业价值早已显现出来，并受到了极大的肯定。

在微信营销的各种动作中，网络推广是重头戏。所以，传统企业必须摒弃传统的营销方式，学会灵活运用网络营销方式。利用微信，企业能开展市场调研，做好客服咨询、产品销售等工作。企业想要开展微信营销，先要学会使用微信公众平台。

微信公众平台是一个综合性平台，若使用得当，就能增强目标消费人群对企业的信任。所以，企业开展微信营销只需秉持一个信念即可，这个信念就是取得新顾客的信任，增强老顾客的信任，只有这样才能让微信营销受到企业全体员工的重视，才能将微信营销的能量展现出来。

首先，企业要设置一个微信公众账号，这个账号的设置要把握重点，展示重要内容与功能；其次，企业根据目标用户群体的兴趣与爱好建立一些微信群，在这些群里企业可以与粉丝进行沟通、交流；再次，引导客户形成自己的圈子，企业营销人员要想方设法地进入这个圈子；最后，引导新客户绑定微信，关注微信公众号，这一步非常重要。这一步完成之后，就可开始统计积分，加深企业或品牌在客户心目中的印象，引导客户进行二次购买。

企业借助微信公众平台还能经营客户，也就是开展粉丝经营。理论上，相较获取一名新客户，经营一名老客户更加重要。在微信公众平台上，企业利用该平台的内容展示功能，可以根据老顾客的喜好定时推送一些内容，

来增强顾客与企业之间的互动。另外，如果企业要推广微信公众账号，就要不遗余力地利用各种机会，如市场调研、产品销售等，将微信账号、二维码展示出来，引导客户扫码关注。

现如今，互联网已脱离搜索引擎时代，迈进大数据时代，传统营销传播已开始从"记录"转变为"预测"，随着品牌营销沟通方式的转变，人与服务之间已建立起新的联系，营销模式的中心也从展现朝服务转移。面对这种变化，如果企业不能适应，就很有可能失去消费者。而借助大数据，企业能尽快调整自己的状态，适应这种变化。

大数据应用指的是利用大数据技术对特定的大数据集合进行分析，从中获取有价值的信息。对于企业来说，大数据所带来的最大的营销价值就是加深其对客户需求的了解，帮助企业创建多元化的营销方式。大数据变革不是一蹴而就的，会从量变发展到质变，在这个过程中先行者们总能保持领先地位。面对全新的市场需求，企业操作需要更加智能化，企业要保持其竞争力，完美的技术不可或缺，在这之中，大数据异常关键。

因为业务不同，或者业务相同、企业不同，业务需求、数据集合、数据分析挖掘的目标也不同，所以其采用的大数据技术与信息系统也存在较大差异。在这种情况下，企业为保证大数据应用价值的实现，必须坚持"对象、技术、应用"这三大要素能实现同步发展。但现阶段，很少有平台能真正掌握大数据并将大数据用于数字营销。专业人士表示，企业要想做好数字营销，应将线上与线下整合起来，在此基础上必须掌握网络用户行为入口的大数据，找到企业与消费者的共鸣点，对消费者行为进行深入挖掘。

在大数据时代，人们的生活状态或将发生彻底改变。在持续创新的网络广告行业，受网民碎片化、媒体碎片化的影响，在未来的营销市场中，大数据将产生重要作用，使广告投放方法更加多样化，降低广告触及消费者的难度，构建一个完美的互联网生态，实现多方共赢。

7.3 价值变现：新媒体内容创业的盈利模式探索

7.3.1 创建网红店铺，提供广告公关服务

进入移动互联网时代后，以微信、微博为代表的自媒体平台实现快速崛起，其功能不再仅是简单的社交或信息传播，更成为一种创业者及企业广泛采用的营销工具，公众号的广告软文、付费阅读、直播代购等诸多自媒体营销玩法大量涌现。

事实上，自媒体营销的商业价值确实得到了企业界的一致认可，但与经过多年发展的传统营销相比，自媒体营销属于新生事物，对内容本身影响力的依赖性极高，要想通过自媒体取得预期的营销效果也并非是一件简单的事情。下面将结合实践案例为大家分享几种常用的自媒体营销方式，以便让营销从业者能够从中借鉴经验。

美妆达人、时尚网红经营的微信、微博等自媒体是这种模式的典型代表。她们选择在自媒体平台中运营公众号的目的主要就是为了将粉丝引入自己开设的线上店铺或者线下门店，从而完成价值变现。

由于近两年网红经济的迅速发展，这类自媒体不再只是单兵作战，而是呈现团队化、专业化，有的网红甚至专门成立了公司，有的网红店铺为了强化供应链管理能力而自建工厂。当然，店铺销量与自媒体公众号的粉丝数量有直接关联。

当下，网红创业已经成为一种主流发展趋势，以微博红人"赵小姐失眠中"为例，其运营者赵若虹有着多年的婚恋时尚媒体从业经验，通过在微博上分享高价值的内容而积累了大量粉丝，如图7-2所示。

为了充分发掘资深微博公众号的商业价值，赵若虹创建了实体连锁餐饮品牌"赵小姐不等位"，并选择在其粉丝分布较为密集的一线城市上海开

设了首家线下实体店。在首家门店刚开设时，这家店铺几乎没有花费任何的广告成本，只是通过微博公众号进行传播推广，仅用一个月的时间就让这家门店在主流美食点评网站中名列前茅，截至 2017 年 1 月，"赵小姐不等位"拥有的连锁门店已经达到 8 家。

图 7-2　赵若虹新浪微博

达到一定规模的粉丝是自媒体店铺能够取得成功的关键所在。部分拥有数十万甚至上百万粉丝的自媒体公众号开设的淘宝店铺年收入高达上亿元。由于背后有专业的团队，这些网红能够专注于和粉丝进行交流沟通，从而对店铺内的产品及服务进行优化改善。与很多品牌商所不同的

是，这些网红店铺几乎不存在库存压力，因为网红和粉丝之间的良好信任关系，它们可以采用预售模式，根据订单量来生产产品。

以前，由于传统媒体对于传播渠道与载体的垄断，使得企业不得不与之进行合作。以时装领域为例，时尚杂志无疑在该领域拥有极强的统治力，能够在时尚杂志中占有一席之地，即可为企业带来极大的曝光量与商业价值，为此，很多企业不惜花费重金在时尚杂志中频频亮相。

但进入自媒体时代，传统媒体的垄断地位被打破，人们获取信息的主要渠道从电视、报纸、杂志转向了社交媒体平台、视频网站、直播平台等。微信、微博等自媒体不但可以让人们获取丰富的信息资讯，更能够随时随地发表自己的观点并分享，时尚杂志等传统媒体的地位大幅度下滑。近几年来，在用户需求与新媒体的强势冲击双重作用下，传统媒体纷纷走上了转型之路。

与传统媒体的没落相反，自媒体生态呈现蓬勃发展之势。低成本、高

图 7-3 "石榴婆报告"微信公众号

效率的自媒体营销成为众多品牌商对产品进行营销推广的重要手段。以微信公众号"石榴婆报告"(图 7-3)为例,从 2013 年 3 月运营至今,该账号已经累计获得了超过 22 万名粉丝。据了解,"石榴婆报告"主打传播时尚服务信息,通过提供新鲜有趣的娱乐八卦、明星动态、时尚潮流、街拍搭配等优质内容而吸引了大量粉丝。

账号运营者程艳指出,如今该账号所带来的广告收益已经相当可观,在公众号内投放广告的品牌中存在着包括迪奥、浪琴、娇兰在内的顶级时尚品牌。

对于广告主而言,哪种渠道能够为其带来更为有效的营销效果,他们就会选择哪种渠道,追求利润的他们不会因为你是规模较小的自媒体就会忽略你。传统媒体式微已经成为不争的事实,自媒体广告的低成本优势,使整个广告市场的价格明显下降,很多资金并不充足的小微企业得到了一种十分优质的营销渠道。而不断涌现的自媒体营销成功案例,也成功吸引了大型品牌商的关注。

7.3.2 组织品牌团购,举办 O2O 推介活动

知名品牌商与自媒体进行合作,吸引粉丝团购也是一种良好的自媒体营销方式。团购是将来自不同地区的一定规模的消费者聚集起来,以更低的价格从商家购买商品,由于订单量较大,而且不用承担库存成本,商家同样能够获得丰厚的利润。更为关键的是,团购能够极大地提升品牌知名度,使自身的产品及品牌在社交媒体平台中引发热议。

因为自媒体存在的海量忠实粉丝,品牌商与之进行合作或者通过自运营自媒体为粉丝提供团购服务,往往可以取得良好的营销效果。

对于消费者而言，在进行团购时，除了会了解产品价格、质量外，他们也十分关心其他真正购买过该产品的用户为该产品进行的评价。在信息高效流通、实时共享的移动互联网时代，人们逐渐认识到很多商家会自己在团购网站上刷评论，这些评论并没有太高的价值。

而自媒体却不同，其本身作为一个用户充分表达自己观点的平台，商家很难左右自媒体用户的评论，这也使得团购信息变得更加透明。而且人们在自媒体平台中的疑问能够在短时间内得到解答，这种互动性使人们团购欲望得到有效提升。

自媒体的强大影响力主要来源于它与消费者建立的良好信任关系。一个能够被大量粉丝信任的自媒体，无疑拥有着巨大的营销价值。

以微博达人"文怡"为例（图 7-4），多家品牌商通过与之进行合作，而带来了产品销量的大幅度增长。仅用 1 分钟，售价 2280 元的惠人榨汁机就售出了上千台。而售价 780 元的赛捷自动炒菜锅在 1 分钟内销售了上万台之多，为了满足粉丝的需求，商家不得不加急生产了 5000 台，结果又被迅速抢光。

事实上，这些品牌商们也在淘宝、天猫、京东、亚马逊等平台上开设了线上店铺，但在

图 7-4　文怡新浪微博

没有与"文怡"合作时，其产品月均销量不过仅有几百台。较低的成本、在短时间内集中爆发的销量，使得越来越多的品牌商将其作为核心营销方式。

为了打破线上产品体验与服务缺失的不利局面，自媒体开始尝试采用线上与线下相结合的方式来有效提升营销效果。作为一种新商业模式的 O2O 在自媒体营销中也有着极为广阔的应用前景，在线上推动的同时，也积极开展线下营销，以便增强用户的产品及服务体验。尤其是对于那些更加注重体验的家电、家居产品，如果商家能够通过线上网罗用户，通过线

下体验店来让消费者体验产品，很容易带来产品销量的快速增长。

自媒体举办线下活动并不仅是为了营销推广，也是为了有效增加粉丝黏性。在媒体积累了一定规模的粉丝后，除了在社交媒体进行线上互动交流外，运营者往往也会组织各种类型的线下活动，从而提升粉丝的参与感与归属感。

以时尚类自媒体为例，这类运营者组织的线下活动主要以提升女性魅力、自信为主，比较常见的活动就是茶艺、音乐会、高尔夫等。这不但能够有效增加运营者与粉丝之间的信任感，提升粉丝的黏性，而且能够为商家带来可观的利润。如果商家能够趁机向粉丝们推出折扣力度较大的年费会员，甚至可以将这些自媒体粉丝转化为自己的忠实用户。

当然，不同类型的自媒体公众号运营者举办的活动存在一定的差异。餐饮类自媒体会更加倾向于举办美食分享类活动；旅游类自媒体举办的活动主要以定制旅游为主，通常会由自媒体负责带队；有着资深从业经验的意见领袖类自媒体举办的活动则通常以演讲交流会为主。

一般说来，如果自媒体本身较为成功，其运营者举办的这种线下活动很容易找到赞助方，参与的粉丝们仅需要自己出路费即可；而如果自媒体仍处于起步阶段，参与的粉丝们通常需要自理费用。线下活动能够有效提升用户参与感，让用户直接体验产品或服务，在为自媒体运营者带来更高粉丝黏性的同时，也为品牌商带来更高的产品销量。

7.3.3　开启付费阅读，新媒体资本化运作

在免费模式大行其道的当下，会员制在自媒体中的应用案例数量较少，但其中也有类似"罗辑思维"这种耀眼的明星。粉丝数量达到百万级别的自媒体，其通过付费阅读所创造的价值毫不逊色于普通的杂志社。罗辑思维 CEO "脱不花"在接受媒体采访时指出："罗辑思维的付费会员总数为66000 人，其中铁杆会员有 16000 人（每人 1500 元），亲情会员 50000 人（每人 300 元），共计创造了将近 3900 万元的会员收入。"

　　甚至很多优秀的自媒体还获得了资本方的巨额投资。除了会员制以外，打赏也是一种付费阅读模式，目前微信、微博等自媒体平台为内容生产者提供了收费功能。如果粉丝认为内容让他们满意，便可以通过打赏功能来支持内容生产者，从而激励后者能够持续创造出这种具有较高价值的内容。

　　但从实践来看，国内消费者对于打赏模式的接受度较低，因为我们没有形成这种习惯，所以其盈利能力相对较低。但某种程度上，打赏将有利于自媒体人回归文人本质，避免被过多的商业化气息影响而降低用户阅读体验。

　　严格意义上，自媒体得到天使投资不属于一种营销方式。不过得到天使投资后，自媒体的价值会得到大幅度增长，很容易引发网民的热议，从而提升其曝光度与品牌影响力。

　　那些粉丝数量较多而且拥有优质内容持续生产能力的自媒体是资本方重点关注的对象。而且由于自媒体行业创业者及企业的大量涌入，使得行业竞争变得十分激烈，自媒体从业者希望找到投资方来提供资源支持，而天使投资恰好可以满足这一点。

　　很多天使投资人本身有过创业经历，对自媒体创业者的需求十分了解。投资方并非是简单地为投资对象提供资金，还能够提供人际资源、专业建议、平台资源等，更为关键的是能够为自媒体背书。因此，能够获得天使投资，本身就是对自媒体价值的一种充分肯定。

　　为了获得天使投资，自媒体人需要积累一定数量的粉丝，并证明其具备较高的内容生产能力。创意、粉丝规模及未来的商业前景，是天使投资机构在选择自媒体进行投资时的重点参考数据。

　　自媒体想要获得价值回报，不仅需要运营者具备内容生产能力，更要求运营者拥有在营销推广等价值变现方面具备足够的才能。自媒体营销玩法也有很多的创新之处，但其专业媒体色彩也十分突出，这很大程度上是因为它的媒体属性。无论是传统媒体，还是自媒体，只有能够在内容方面体现出足够的影响力，才能证明其拥有价值变现能力。

　　因此，自媒体从业者们想要将市场蛋糕做大，需要充分提升自身在内容方面的生产能力，扮演好传播正能量、输出高价值内容产品的社会角色，从而提升自身的公信力与粉丝认可度，这也是自媒体生态能够不断发展壮大的一种行之有效的途径。